공의 경험

空

공의 경험

니사르가닷따 마하라지 지음
로버트 파웰 편집 | 이상훈 옮김

The Experience
of Nothingness

 슈리 크리슈나다스 아쉬람

존재하는 모든 것은 오로지 의식의 표현일 뿐입니다. 의식이 없다면 의식의 표현도 없을 것입니다. 그러므로 아무것도 존재하지 않습니다. 그리고 이 의식은 까닭 없는 개념입니다. 그것은 자연스럽게 나타났습니다.

슈리 니사르가닷따 마하라지

감사의 말

이 책에 사용된 대담의 원본 테이프를

저에게 제공해 준,

캘리포니아 헌팅턴 비치에 사시는

프랭크 앤더슨 씨께 감사의 말씀을 전합니다.

목차
Contents

머리말

슈리 니사르가닷따 마하라지는 최고의 지혜를 사랑하는 사람들에게는 더 이상 소개할 필요가 없을 만큼 널리 알려진 분이다. 독립적인 입장을 취하는 힌두교의 성자로 알려져 있는 니사르가닷따는 띠루반나말라이의 슈리 라마나 마하리쉬, 뜨리반드룸의 슈리 아뜨마난다, 그리고 마하리쉬의 제자로서 최근에 더욱 알려진 럭나우의 푼자지와 같은 아드바이따(advaita) 가르침의 최고 대가들과 어깨를 나란히 하는 것으로 오늘날 인정을 받고 있다.

가장 최근의 이 책에서, 주제를 다루는 깊이와 섬세함이 면밀한 이성적 접근 방식과 어우러짐으로써('공의 경험'이란 장에서 아주 훌륭하게 예증되었듯이) 이 책의 문답들은 정신 문학 분야에서 실제로 추종 불허의 탁월한 위치를 점하고 있다. 보다 세속적인 차원에서, 마하라지는 많은 사람들에게 흥미를 불러일으킨 두 가지 사항을 언급하고 있다. 마하라지는 어떤 방문객들에게는 그들이 더 오래 머물게 해 달라고 요청을 해도 허락해 주지 않았는데, 언뜻 보기에 퉁명스러운 그의 태도에 대하여 사람들은 이상하게 생각하였으며, 일부는 심지어 불평하기까지 했다. 이 책에서 마하라지는 처음으로 그러한 행동에 대한 근본적인 이유를 밝히고 있다. 필자는 이것이 우리가 이 책을 읽어 가는 방식에도 당연히 관계가 있다는 생각이 떠올랐다. 이 책을 읽는 가장 좋은 방법은 내용을 조금씩 읽으며 깊이 음미하는 것이다. 이렇게 하면 자신의 이해력을 꽃피우고 그 결과로 나타나는 자기 확신의 발달을 위한 촉매제로서 마하라지를 더욱 잘 이용할 수 있다. 이런 식으로 말은 특별한 활력을 얻고, 청자나 독자에게는 그에 상응하는 반응이 있다.

다른 한 가지 사항은 토론에서, 심지어 상대방이 그의 질문에 대하여 분명히 타당한 말을 하거나 올바른 대답을 할 때에도 마하라지는 그에게 동의하는 법이 거의 없다는 점이다. 마하라지는 이 점을 인정하며, 미묘한 하나의 교육적인 장치로서 이러한 특별한 접근 방법을 어떻게 그리고 왜 이용하는지를 설명한다. 지적인 차원에서 어느 정도 정확한 대답을 생각해 낼 수는 있지만, 실제적 경험이나 깊은 확신이 없을 가능성은 항상 존재한다. 그러한 경우에 말하는 사람의 의견에 동조한다면, 그것은 그가 사실은 말뿐인 정해진 표현을 기계적으로 반복하는 것에 불과한데도 그가 진짜 변화를 성취했다고 믿도록 격려해 주는 꼴이 될 것이다. 마하라지는 전에 이렇게 말한 적이 있다. "깨달은 사람은 다른 사람들이 단순히 듣기만 했을 뿐 경험해 보지 않은 것을 압니다. 지적으로 볼 때 그들은 확신하고 있는 것처럼 보일지 모르지만, 행동에 있어서는 그들이 속박되어 있다는 것을 드러내고 있습니다." 그리고 또 한 번은 이렇게 말하였다. "자아 복종은 모든 자기 이해관계의 복종입니다. 그것은 할 수 없는 것입니다. 그대가 참된 본성을 깨달을 때 그것은 일어납니다. 말뿐인 자아 복종은 심지어 감정이 수반된다 하더라도 거의 가치가 없으며, 스트레스를 받으면 쉽게 무너집니다."

로버트 파월

공(空)의 경험

편집자의 말

위대한 아드바이따 스승들이 가르치는 것의 기본적인 진리는 본질
적으로 동일하다. 그것은 오직 하나의 실재만이 존재하기 때문에
예상할 수 있는 것이다. 그러나 스승들은 이 가르침의 다양한 측면
들 가운데 서로 다른 측면을 강조하며, 각자 이러한 목적을 위해
약간씩 다른 전문 용어를 이용하거나, 혹은 이러한 용어들을 그들
의 목적에 맞도록 융통성 있게 사용하고 있다.

　따라서 마하라지가 대화 속에서 사용하는 '내가 있음'(I-am-ness)
이나 '존재성'(beingness)이란 말은 일반적으로 자기 자신을 몸이라
고 여기는 데서 생겨나는 독립적인 정체성에 대한 의식에 기본적
으로 바탕을 두고 있는 제한적인 이해 상태들을 나타낸다. 그 용어
들은 완전히 관념적이다. 흔히 마하라지는 이들 용어를 서로 바꾸
어 사용하기도 한다. 또 어떤 때는 그가 전달하고 싶은 강조점에
따라서 존재성을 '내가 있음'을 초월하는 데서 일어나는 다소 우월

한 상태로서 나타내고, 또 현시된 의식과 동등시하기도 한다. 마하라지는 또한 존재성을 '의식'(consciousness)이나 '앎'(knowingness)이라 언급하기도 하는데, 그에 의하면 그것은 여전히 (물질성에 뿌리를 둔) 다섯 원소의 소산이다. 따라서 그는 이렇게 말하고 있다. "'내가 존재한다'(I am)나 '존재성'에 대한 이러한 지식은 절대적 상태(절대자)를 가리는 망상의 외투입니다. 그러므로 브람만이 초월될 때는 오로지 빠라브람만만이 존재하며, 거기에는 '내가 있음'에 대한 지식이 조금도 없습니다." '존재성'의 상태[1]는 분명히 불완전하고 일시적인 이해의 상태이다. 그것은 마하라지의 다음 말에서 분명히 증명되고 있다. "현자들과 예언자들은 처음에 '존재성'의 의미를 인지하였습니다. 그 다음 그들은 그것에 대하여 명상을 하고 거기에 머물렀으며, 결국은 그것을 초월하여 궁극적인 깨달음을 얻게 되었습니다."

'내가 있음'이나 '존재성' 혹은 '앎'이 물질적인 원소들에서 번갈아 일어나는 몸에 바탕을 두고 있는 반면에, 절대적 상태(절대자)는 모든 '물질성'을 초월해 있어서 더 이상 말로 설명할 수 없다. 절대적 상태의 경우에는 어떤 말을 할 수 있는 수단이 없다. 절대적

---

1 '상태'라는 용어는 말로 나타낼 수 없는 불변의 바탕인 보다 기본적인 실재의 '조건', 즉 제한을 의미한다. 그러므로 이러한 제한을 표현할 때 밧줄에서 뱀을 보는 것과 다소 유사한, 빠라브람만의 '상태—없음'(non-state)에 덧씌워진 첨가물이라고 표현하는 것이 더 정확할 것이다.

인 의미에서 나의 본질은 어떠한 말로도 전달하는 것이 불가능하다. 그 궁극적인 자각 속에서는 현존해 있다는 의식을 가지고 있는 사람이 아무도 없다. 현존 그 자체가 절대적 상태에서는 없는 것이다.

마하라지의 가르침에 의하면, 개인의 의식이 우주적인 현시된 의식으로 초월할 때, 후자는 현시되지 않는 존재(the Unmanifest) 즉 빠라브람만에 의지하여 그 안에 있다. 거기서 후자는 '우주가 소멸되어도 영향을 받지 않는 원리'를 나타내며, 상태−없음(non-state)이다. 그는 또한 다음과 같이 말한다. "절대적 상태인 그대는 어떠한 몸의 정체성도 없는 완전하고, 완벽하며, 태어남이 없는 존재라는 이 사실을 분명히 이해하십시오." 그의 가르침에서 그대는 절대적 상태로서 지금도 과거에도 결코 어떤 태어남도 없었다. 모든 형상들은 다섯 원소들의 작용의 결과이다.

이 빠라브람만은 이원성과 비이원성 둘 다를 초월해 있다. 왜냐하면 그것은 공간과 시간보다 앞에 있기 때문이다(우리는 당연히 물질−정신계 즉 의식 내에서의 이원성이나 비이원성에 대해 이야기할 수 있을 뿐이다). 존재하는 것은 절대적 상태 혹은 자신의 본질인 궁극적 주체이다. 왜냐하면 그것을 경험할 어떤 사람이나 어떤 것도 더 이상 없고, 심지어 의식마저도 없기 때문이다.

마지막으로 여기서 주목해야 할 점은 전통적인 베단따 경전은 물론이고 다른 성자들도 보통 '내가 있음'과 '참존재성'(대문자 B로 시작하는 Beingness)을 '빠라브람만'이나 '절대적 상태'와 서로 바꾸어 사용하고 있다는 것이다. 따라서 절대적 상태는 참의식(대문자 C로 시작하는 Consciousness)으로 일컬어지기도 하고, (슈리 라마나 마하리쉬의 경우) 일관성 있게 '참나'(Self)라는 용어로서, (슈리 아뜨마난다의 경우) '나-원리'(I-Principle)라는 용어로서 표시되기도 한다.

"심지어 이 의식마저도 모든 것이 아닙니다. 그래서 그것은 항상 지속되지는 않을 것입니다. 그 의식이 어떻게 일어나는지, 즉 그 의식의 근원을 찾아내십시오…… 이 몸은 무엇입니까? 몸은 음식과 물의 축적물에 불과합니다. 그러므로 그대는 몸이나 의식과는 분리된 별개의 어떤 것입니다."

슈리 니사르가닷따 마하라지

"지바뜨만은 세상과는 분리된 개인으로서 몸-마음과 동일시하는 자입니다. 아뜨만은 단지 존재성 혹은 의식에 불과하지만, 그것은 세상입니다. 이 존재성을 아는 궁극적인 원리에는 어떤 이름도 붙일 수 없습니다. 그것은 다가갈 수도 없고, 어떤 말로도 규정지을 수 없습니다. 그것은 궁극적 상태입니다."

슈리 니사르가닷따 마하라지

슈리 니사르가닷따 마하라지

1897–1981

많은 독자들은 이 책에 나오는 인도의 용어들에 익숙하지 않을 것이다. 이런 말들이나 다른 전문적인 용어에 대한 지식이 가르침을 이해하는 데 필수적인 것은 아니지만, 그러한 용어들의 뜻이 주석이나 본문을 보아도 명확하게 이해되지 않을 때는 이 책의 뒷부분에 수록된 용어 해설을 찾아보기 바란다.

온갖 종류의 방문객들과 나눈 이들 대화는 그의 생애의 마지막 해에 있었던 것으로 오토지 자각이나 참나 실현의 목적을 지향하고 있었다. 니사르가닷따 마하라지는 84세가 되던 1981년 9월 8일에 암으로 생을 마감하는 바로 그날까지 방문객들과 대화를 나누었다.

1

마하라지가
가르침의 기본 원리를
말한다

마하라지 의식의 본질을 이해해야 합니다. 이 의식은 물질적인 몸에서만 일어납니다. 그리고 물질적인 몸은 다섯 원소들의 정수입니다.[2] 고통이 있는 것은 물질적인 몸과의 관계 때문입니다. 여기에 찾아오시는 대부분의 사람들은 이러한 유형의 지식을 받아들일 수 없을 것입니다. 왜냐하면 그것은 순전히 근본적인 차원의 지식이기 때문입니다. 그러나 열심히 노력하여 이러한 관점을 받아들일 수 있는 일부 사람들은 실제로 이해할 것입니다. 만약 그들이 고통과 불행은 오로지 물질적인 몸과 자기를 동일시하여 개인으로서

---

2 힌두교의 우주론에 의하면, 흙, 물, 불, 공기 및 에테르로 구성된 '다섯 원소들'은 물질적인 우주 전체를 구성하는 기본적인 원소라고 한다.

괴로워하는 의식에서만 생길 수 있다는 것을 이해한다면, 그들은 그런 고통과 불행의 영향에서 완전히 자유로울 것입니다. 물질적인 몸과 동일시하면 고통은 불가피하게 일어납니다. 그러나 개인이 무엇입니까? 다섯 원소로 만들어진 몸이 있습니다. 그리고 그 몸에 생명의 호흡(쁘라나)과 의식이 있습니다. 그것은 복합적인 통일체입니다. 모든 살아 있는 형상 속에는 생명의 호흡과 의식이 들어 있습니다. 그리고 비록 그 형상들은 달라도, 그들 모두는 동일한 원소들을 포함하고 있습니다. 그래서 나는 다시 질문을 던집니다. 개인이라는 문제가 어디에 있습니까? 기본적으로 전혀 없습니다. 그리고 이것이 반드시 파악해야 할 나의 기본적인 가르침입니다. 그러나 오직 극소수의 사람만이 이해할 것입니다.

방문객 너무 혼란스러워 제가 그것을 이해할 수 없었습니다. 다시 한 번 말씀해 주시겠습니까?

마하라지 물론이지요. 그러나 같은 말로는 하지 않겠습니다. 자, 우리가 지금 관여하고 있는 것이 무엇이지요? 우리는 다섯 원소들로 이루어져 있고 그 원소들에 의해 유지되는 물질적인 형상을 다루고 있습니다. 그 형태 속에서는 생명력(생명의 호흡)과 이 의식이 작용하고 있습니다. 다시 말해, "내가 존재한다."라는 앎이나 존재 의식 즉 실존 의식이 작용하고 있습니다. 후자는 '지각력'을 말하며, 그것은 의식의 선물입니다. 이것이, 즉 몸과 생명의 호흡과 의식이 우리가 지각할 수 있는 전부입니다. 모든 형상들은 동일한 구성 요소들로 이루어져 있습니다. 그러니 개인이라는 문제가 어디에 있습니까? 이 모든 것을 통해서 개인 그 자체는 결코 생겨나지 않았습니다. 그리고 바로 이러한 이유 때문에 우리 자신을 어떤 것과 동일시할 필요가 전혀 없습니다. 그러나 우리는 그런 동일시를 하고 있습니다. 의식이 몸과 동일시를 하고 있고, 이렇게 하여 '개인'이 생겨난 것입니다. 이것이 사실인 한, 그 개인은 고통을 겪을 수밖에 없습니다. 그렇다면 나는 어떤 존재인가?…… 나는 단지 다섯 원소들에 불과한 몸도 아니요, 생경력(호흡)도 아니요, 몸 안으로 들어온 의식도 아닙니다. 몸이 거기에 있는 한, 나는 반드시 나 자신을 의식과 동일시합니다. 왜냐하면 그것(몸)은 그것(의식)과 하나의 통일체를 이루고 있기 때문입니다. 그러나 실제로 나는 이들 세 가지 가운데 어느 것도 아닙니다. 몸이 존재하는 동안, 나는 의식입니다. 그 의식은 일어나고 있는 므든 일을 단순히 목격하고 있습니다. 몸이 죽으면, 생명력은 떠나고 공기와 혼합됩니다. 의식은 우주 의식과 혼합됩니다. 나는 오로지 의식의 목격자이기 때문에 본질적으로 이 의식 속에서는 (확인할 수 있는) 어떤 것도 아닙니다. 그리고 절대적인 의미에서 나의 본질은 어떠한 말로도 전달이 불가능합니다. 그 궁극적인 자각 속에서는 아무도 현존해 있다는 어떠한 의식을 가지고 있지 않습니다. 현존 그 자체가 절대자의 그 자리에는 없습니다.

이런 주제에 관심이 없는 사람은 아무도 여기에 오고 싶어 하지 않을 것입니다. 그래서 여기에 참석하신 분들은 이 주제에 진실로 관심을 가지고 있고 그들의 숙제를 이미 마쳤다고 가정할 수밖에 없습니다…… 따라서 여기에 오신 분들은 모두가 냐니(jnani)들입니다. 그러나 몸이 있는 동안 존재하는 나의 존재에 대한 이 의식의 본질과 토대를 우리 가운데 과연 얼마나 많은 사람들이 알고 있습니까? 우리들 개개인은 '내가 있음'을 말하고, 또 그것을 깨닫고 있습니다. 그러나 개인적인 실체로서 '그대'나 '나'는 없습니다.

신체에 불균형이 있으면, 병이 일어납니다. 그러나 몸이라는 그 물질이 완벽한 균형을 이루면, 병이 없습니다. 자, 어떻게 해서 그럴까요?

문제는 이겁니다. 우주적 의식은 다섯 원소에 그 존재를 의존하는가? 이 질문에 대한 대답은, 우주적 의식과 전체의 현시가 동시에 나타난다는 것입니다. 현시가 일어나는 것은 의식이 있기 때문입니다. "내가 존재한다."는 생각이 있기 전에는 어떠한 현시도 없습니다. 이 둘은 동시에 일어납니다. 그러나 우리가 우리 자신을 개별적인 의식이 나타나는 몸과 동일시하기 때문에, 그리고 의식이 모습을 드러내기 위해서는 하나의 형상을 가져야 하기 때문에 '개인'이 탄생하며, 그 개인은 고통을 받습니다.

앞에서 나는 우주적 의식의 문제를 설명해 드렸습니다. 우주적 의식이란 어떤 도시에 붙여진 도시 이름 같은 것입니다. 자, 예컨대, 봄베이가 있습니다. 그대가 '봄베이'라고 말할 때 그 뜻은 무엇입니까? 그대는 봄베이를 만들어 낼 수 있습니까? 그럴 수 없습니다! 특정한 것의 전체를 가리키고 있을 뿐입니다. 그래서 우주적 의식은 형상이 없는 것에 붙여진 이름에 불과합니다.

나는 특히 봄베이가 아닌 '도시'라는 단어를 사용합니다. 이때 나는 어떠한 도시나 장소를 의미합니다. 봄베이라고 말하면 그것은 내가 제한된 지역을 가리키고 있다는 것을 의미합니다.

방문객 여기에 매우 중요한 점이 있습니다. 제 생각에, 어떤 도시나 국가는 그것을 구성하고 있는 개인들로만 이루어져 있습니다.

마하라지 이름은 개인에 의해 붙여질 수도 있겠지만, 이미 창조된 것은 인간이 그것을 만들었습니까? 다섯 원소에서 인간이 태어났습니다. 하지만 인간이 다섯 원소를 만들었습니까? 다섯 원소는 개인의 몸 안에 있는 그 의식으로 만들어졌습니다.

방문객 우주적 의식과 내 안의 이 의식은 동일한 것입니까?

마하라지 그대의 눈이 인식하는 빛과 다양한 현시에 반영된 일반적으로 보이는 빛은 서로 다릅니까?

거듭 말하지만, 문제는 모두 개별적인 몸과의 동일시, 결과적으로는 개인과 동일시하는 데 있습니다. 그러므로 개인은 늘 죽음을, 즉 개인의 죽음을 두려워하고 있습니다.

이 주제에 대하여 질문이 있습니까?

그대는 이 의식입니다. 그리고 이 의식에서부터 전 우주가 태어납니다. 우리는 우리 자신을 개인으로 간주합니다. 그래서 우리는 무제한적인 것을 중요하지 않은 사소한 것에 제한시켜 버렸습니다. 무한한 것이 단 하나의 몸으로 좁혀졌습니다. 그것이 우리의 모든 문제입니다.

그런데 다음과 같은 의문도 있습니다. 수백만 명의 인간에게 나타나는 것이 똑같은 우주적 의식이라면, 그들은 온갖 종류의 혼돈을 일으키면서 왜 그토록 상반되게 행동할까요? 한 여성에게 열 명의 자식이 있다면, 그들은 모두 같은 부모에게서 태어났는데도 서로 매우 상반되게 행동하지 않습니까? 왜 그럴까요? 그 이유는 비록 각 개인의 구성 성분이 동일한 다섯 가지 기본 원소들로 구성되어 있지만, 이들 원소들의 서로 다른 비율, 다시 말해 순열과 조합에서 생겨나는 그 구성 성분이 아주 다르기 때문입니다. 따라서 각 개인은 서로 다른 방식으로 행동합니다. 다른 비유를 들어 설명하자면, 금속은 동일할 수 있지만 그 금속이 서로 다른 도구로 전환된 목적은 아주 다릅니다. 다시 말해, 각 도구는 어떤 특정한 목적을 위해 사용될 수 있습니다. 그래서 그 구성 성분은 다섯 원소이지만, 그 구성 성분의 서로 다른 조합에서 만들어진 궁극적인 목적은 그 구성 비율에 따라 독특하게 작용할 수밖에 없습니다.

방문객 마하라지, 그것은 누구의 목적입니까?

마하라지 그 목적은 수백만의 이 모든 조합들을 합치려는 것입니다. 내가 알 때까지는…… 그것이 우리가 자기 자신이라고 동일시하는 이 구성 성분의 본질과 토대를 언제 처음 알게 되는지를 내가 앞서 물었던 이유입니다. 만약 내가 먼저 그 성격을 철저하게 알지 못한다면, 어떻게 전 우주의 목적과 토대를 알 수 있겠습니까?

통역자 마하라지께서는 당신이 의식의 본질을 깨달았는지를 당신에게 묻고 계십니다.

이제 그분은 자주 예로 드시는 가정적인 성격의 시골을 한 예로 들고 있습니다. 시골에서 사람들은 팬케이크를 만듭니다. 불이 있고, 그 위에 팬이 있습니다. 그들은 팬에다 반죽을 붓습니다. 마침내 팬케이크가 생겨나고, 사람들은 그것을 팬에서 꺼냅니다. 그 다음 반죽이 팬에 들어가고, 팬케이크가 만들어질 때 그것은 일반적으로 앞의 것과 같은 모양으로 나옵니다. 그러나 그 두 팬케이크에 난 움푹 팬 곳이나 구멍들의 수는 똑같지 않을 것입니다. 이러한 팬케이크를 십여 개나 구워 내도 그 하나하나는 다를 수밖에 없습니다. 다양성을 가지는 그것이 바로 창조의 본질입니다. 그래서 그분은 현시로서 창조된 그것의 본질과 토대를 이해하라고 말씀하십니다. 그리고 그것이 의식이라고 하십니다. 당신이 이 의식을 이해하지 못한다면, **빠람아뜨만**을 깨달을 수 있는 다른 어떤 방법도 존재하지 않습니다. 그것은 이해가 아닌 다른 어떤 방법으로는 얻어질 수 없습니다.

마하라지 이 마야가 가지고 있는 최면의 힘의 비밀은 우리가 우리 자신을 몸과 동일시한다는 것입니다. 그리고 이러한 종류의 동일시 과정은 돌덩어리 혹은 돌로 만들어진 어떤 것을 신으로 동일시하며 그것을 전심으로 숭배하는 것과 다르지 않습니다. 그것이 그 정도까지라면 괜찮습니다. 그리고 이런 종류의 숭배는 의식에 통상적인 영향을 미칠 것입니다. 그러나 의식의 본질을 이해하지 못한다면, 우리는 자신의 참된 정체성을 이해할 수 없을 것입니다. 그런데 의식의 본질을 이해하고 나면, 그대는 또한 그대가 의식이 아니라는 것을 이해할 것입니다. 그대가 보고 이해했던 것이 어떤 것이든 그대는 그것이 될 수 없습니다. 그대는 주체로서 객체인 어떤 것을 오직 이해할 수 있을 뿐이며, 그것을 그 자체로서 받아들일 수밖에 없습니다.

만일 여러분이 전통적인 문학과 전통적인 지식에 입각하여 나와 여러 가지 일들을 논의한다면…… 너무도 총명하고 박학한 사람들이 너무도 많아서 그들은 나를 산 채로 잡아먹을 것입니다. 하지만 내가 다루고 있는 근본적인 지식에 관한 한, 왜 이들은 말문을 닫고 그냥 있습니까? 왜냐하면 그것은 이해할 수 있는 것과는 완전히 다른 어떤 것이기 때문입니다. 이해될 수 있는 것이나 눈으로 볼 수 있는 것은 그 무엇이든 진실이 아닙니다.

질문 있습니까?

방문객 천지 창조에 대한 찬송가가 있는데, 번역판을 읽어 보신 분들에게는 잘 알려진 노래입니다. 그 시의 끝 부분에 이런 구절이 있습니다(기억이 확실치는 않습니다). "궁극적인 아는 자(Knower), 즉 냐니인 그는……." 질문은 이제 누가 이 모든 것을 말했고, 누가 그를 만들어 냈는가 하는 것입니다. 그것은 냐니의 기원에 관한 것입니다. 그것이 어떻게 일어났습니까? 그리고 그 시의 마지막 행에는 이런 말이 있습니다. "냐니인 그는 그것을 알고 있다. 혹은 아마 모르고 있을지도 모른다." 우리는 결국 그가 정말로 궁극적 상태(the Ultimate)를 알고 있는지 의문을 갖게 됩니다. 그것이 사실입니까?

마하라지 다시 한 번 말해 주시겠습니까?

방문객 글쎄요, 실제 텍스트를 반복하지 않고 그렇게 하기는 어렵습니다. 그것은 말하자면 냐니의 기원에 대한 궁극적인 질문입니다. 그는 그것을 마지막 행에서 말하고 있습니다……

마하라지 천지 창조에 대한 이 찬송가의 시작 부분은 어떻게 되어 있습니까?

방문객 그것은 매우 유명한 찬송가입니다. 냐니 그 자신의 기원은 어떻습니까? 냐니가 이런 질문을 자문하는 것을 상상할 수 있습니다. "내가 어떻게 여기에 와 있었지?" 그가 말하는 대답은 이렇습니다. "그는 알고 있다. 혹은 아마 모르고 있을지도 모른다."

마하라지 우리는 그를 냐니라고 부를 수 없습니다. 왜냐하면 질문 자체에 대한 답이 없고, 문제가 여전히 미완성으로 해결되지 않은 채 남아 있기 때문입니다. 풀리지 않은 수수께끼가 여전히 남아 있습니다. 아픈 사람은 여전히 아픈 사람입니다. 그가 말하는 것은 모두 질병의 반향입니다. 그리고 그 시를 쓴 사람은 여전히 질병에 걸려 있는 사람입니다.

방문객 [마라띠어로 질문을 던지는데 통역되지 않는다.]

마하라지 의식 그 자체는 스크린입니다. 이것은 의식의 영역이며 모든 창조는 의식 속에 있습니다.

통역자 질문은, "온 세계가 영화처럼 보이는 하나의 스크린과 같은 의식을 우리가 생각할 수 있습니까?"라는 것이었습니다. 그래서 마하라지께서 처음에 말씀하시길, 어떤 스크린도 없고, 아무것도 없다고 말씀하셨습니다. 존재하는 것은 모두 활짝 열려 있습니다. 그 다음 P씨께서는 그 숙녀가 아마도 전달하고자 했던 바는 "일어날 수 있는 모든 것, 모든 생각이나 모든 행동은 그 의식 속에 나타난 외양에 불과하다."는 것 같다고 설명하셨습니다. 그러자 마하라지께서는 틀림없다고 동의하셨습니다.

　대담 시간이 거의 끝나 가고 있습니다. 질문이 있습니까? 마하라지께서는 질문을 바랍니다.

방문객 우리가 이해하기 어려운 점은, 의식 그 자체가 '아는 자'의 대상이라는 것입니다. 맞습니까? 이 의식은 궁극적으로 냐니에 의해 이해될 수 있습니다. 불행하게도, 의식의 반대는 무의식입니다. 그래서 말하자면 언어 속에는 이와 같이 의식과 무의식을 구별하려는 뿌리 깊은 경향이 있습니다. 의식은 이해되고 있습니다. 그런데 그 뒤에 남아 있는 것은, 언어에 따르면, 무의식입니다.

통역자 그것은 어제 마하라지께서 설명하셨습니다.

의식이 없으면 분명히 우리는 의식하지 못합니다. 그래서 그대는 무엇을 말하고 싶은 것입니까?

방문객 의식은 진실하지 않습니다. 보통 사람에게 그렇게 말하면, 그에게는 그것이 열등한 상태로 보일 것입니다.

두 번째 방문객 나에게는 열등해 보이지 않습니다.

마하라지 의식이 태어나는 곳은 무의식입니다. 무의식은 그 근원입니다. 그리고 그것은 또한 우리의 경험입니다. "내가 존재한다."는 이 앎, 이 의식은 의식이 전혀 없던 이전의 상태에서 생겨난 것입니다. 의식은 지금 우리와 함께 있는 이 상태입니다. 그리고 그 때문에 우리는 고통을 받고 있습니다. 그리고 이 의식이 나타나기 이전에는 우리가 의식하지 못하고 있던 행복한 상태가 가득했습니다.

대담 시간이 끝났습니다. 그러나 질문이 더 있으시면……? 하십시오.

[더 이상 질문이 없다.]

❦

마하라지 [이해하려는 노력에 대한 질문에 답하면서] 모든 사람이 기울이는 노력에 대해서는 의문의 여지가 없습니다. 우리가 이해해야 할 것은 스스로 빛이 납니다. 존재하는 데는 다른 사람의 도움이 필요하지 않습니다. 그것은 단지 이해해야 하는 것입니다. 그래서 그것이 이해되면, 내가 새벽이요, 오후요, 저녁이요, 밤이며, 또한 내가 선이요, 악이라는 것이 분명해질 것입니다. 그래서 이해해야 할 것은, 의식이 없다면 이 세상도 없다는 것입니다. 그리고 나는 그 의식이 아닙니다. 나는 그 의식과 별도로 존재합니다. 의식이 없다면 세상도 없을 것이고 아무것도 없을 것이기 때문에 의식이 그토록 매우 중요하지만, 그래도 나는 그 의식이 아닙니다.

방문객 하지만 이러한 통찰력에 이르는 것조차 노력이 필요합니다. 왜 마하라지께서는 노력을 할 필요가 없다고 말씀하십니까?

마하라지 그대는 자신이 지금 여기에 있고 이 자리에 앉아 있다는 것을 알고 있기 때문에 자신이 존재하고 있다는 것을 알고 있습니다.

다시 말해 그대는 그 지각력을 가지고 있습니다. 그대가 살아 있다는 것을 알고 존재하고 있다는 것을 아는데, 그대가 그것을 아는 것은 어떤 노력을 통해서입니까?

방문객 아닙니다.

마하라지 그대의 질문은 이 세상의 관점에서 볼 때는 아주 옳습니다. 즉, 일을 하지 않으면 어떠한 결실도 없고 그대는 먹을 수가 없습니다. 그래서 세속적인 관점에서 볼 떠 그대의 질문은 옳습니다. 그러나 나는 이 세상에 속해 있지 않습니다! 그리고 이 세상에서 이 '내가 있음'은 어느 누구의 편에서 노력을 기울이지 않아도 그저 존재하고 있습니다.

방문객 마하라지, 저는 직업이 교사입니다. 이론적으로 저는 이것을 충분히 받아들이고 심지어 논리도 알 수 있습니다. 문제는, 이론적으로 이것을 아는 것과 실제로 그것이 되어 그것을 느끼는 것은 아주 별개라는 것입니다. 바로 거기에 문제가 있으며, 그런 까닭에 노력할 필요가 있는 것입니다.

마하라지 그렇습니다. 엄청난 노력이 필요합니다. 매우 매우 고요해야 하며, 어떠한 것도 하지 않아야 합니다! 그것이 노력입니다. 바로 그대가 8개월 동안 어머니 뱃속에 있으면서 기울였던 그 노력입니다. 그리고 그 상태에서 그대의 부모와 그대는 본질적으로 아무것도 하지 않았습니다. 어떠한 노력도 없었습니다. 자라나는 모든 것은 저절로 자라납니다.

방문객 제가 찾던 답을 얻었습니다!

마하라지 하나의 정자가 수태되어 아기로 자라고, 그 다음 더욱 자라나기까지, 이러한 성장을 가능하게 만든 것은 무엇입니까? 바로 꼭 같은 그 원리입니다. 앎이 없던 상태에서 앎이 있는 상태로, 즉 이 '내가 있음'으로 이끌어 간 것은 바로 꼭 같은 그 원리입니다. 그것이 우리의 본질이며 우리가 이해해야 하는 것입니다.

방문객 아무 노력 없이 자연스럽게 일어난 일이죠.

마하라지 그 자연스러운 발생, 그 의식이 무의식에서 일어납니다.

방문객 그러나 우리는 그 수태가 일어났다는 것을 어떻게 알 수 있습니까?

두 번째 방문객 그렇지 않으면 그대는 아이가 태어났다는 것을 어떻게 알겠습니까?

방문객 수태가 없다면 그 아이는 자라지 않을 것입니다. 그리고 임신이 없는 사람에게 태아의 성장은 전혀 없을 것입니다. 그러므로 수태가 이루어지기 위해서는 노력을 기울여야 할 것입니다. 그렇게 해야만 성장이 일어날 것입니다.

통역자 마하라지께서는 당신에게 오직 성장 부분에 대해서만 이야기하고 계십니다. 거기에는 노력이 전혀 없습니다. 성장은 자연스럽게 일어나고 있습니다.

마하라지 거기에서조차, 심지어 수태에 대해서도 부모가 어떤 노력을 기울일 수 있습니까? 그리고 비록 부모가 노력을 기울인다 해도, 그 수태가 일어나리라고 그들이 보장할 수 있었겠습니까? 수태는 저절로, 그 자체의 달콤한 의지에 따라 저절로 일어납니다. 어떠한 노력을 기울이기 때문에 반드시 수태가 일어나는 것은 아닙니다. 어쨌든, 부모가 기울인 그 노력은 실제로는 노력이 아니었습니다. 다시 말해 그들은 즐기고 있었습니다. 그것은 본질적으로 노력이 아닙니다. [어떤 방문객에게] 오늘 저녁에 참석합니까?

방문객 이들은 제 여동생입니다. 그들은 오늘 오후에 저와 함께 돌아갑니다.

마하라지 만약 그대가 이번 방문을 기억하고 싶다면, "나는 존재한다."는 이 앎도 함께 기억하십시오. 그대가 존재한다는 그 기억은 구루나 신의 그늘(즉, 보호해 주는 우산) 밑에 있다는 것을 기억하십시오. 신과 구루를 숭배한다는 것은 오로지 "나는 존재한다."는 앎을 숭배한다는 뜻입니다. 그러니 그 원리, "나는 존재한다"는 앎, 그대가 존재하고 있다는 그 앎을 놓지 마십시오. 그리고 그대의 구루나 신의 이름으로 그것을 숭배하십시오.

2

세속적인 차원에서는
모든 것이 존재하지만,
가장 높은 차원에서는
아무것도 존재하지 않는다

방문객 마하라지께서 어제 말씀하신 것으로 다시 돌아가게 되어 죄송합니다. 제가 잊어버렸기 때문입니다. 저는 마하라지께 구루의 현존에 대해서 물었고, 마하라지께서는 "구루–구루–구루"라고 말하는 어떤 것이 있다고 말씀하셨습니다.

마하라지 아, 그렇습니다. 구루는 '내가 있음' 그 자체를 의미합니다. 그래서 그것은 항상 그대에게 "나는 존자한다.", "나는 존재한다.", "나는 존재한다."라는 것을 상기시켜 줍니다. 말하자면, 그것이 오토바이의 시동 소리처럼 구루–구루–구루입니다. 그것은 그대가 존재하고 있다는 것을 계속적으로 생각나게 하는 촉매입니다.

이 하찮은 대담을 위해 왜 그대는 이 장비[녹음기를 가리킴]를 사용하고 있습니까?

방문객 그 하찮은 이야기가 늘 하찮지 않은 것으로 우리를 다시 데려가기 때문입니다.

마하라지 그렇습니다.

방문객 질문 하나 드려도 되겠습니까?

마하라지 물론이지요.

방문객 오늘 아침 마하라지께서는 '아는 자'와 '알려진 것'을 철저히 규명해야 한다고 하셨습니다. '알려진 것'은 실제로 '아는 자'가 아는 것이 아닙니다. 우리가 알려진 것을 아는 것은 그것에 대한 인식, 생각, 느낌들이 의식으로 나타나는 움직임이기 때문입니다. 그리고 그것들은 의식으로 나타나기 때문에 우리가 아는 것이지요. 맞습니까?

마하라지 꼭 그와 같습니다. 냐니는 가장 어리석습니다…… (그는 일반적의 의미의 '아는 것'과는 관계가 없습니다). 이 깨어 있는 상태, 이 의식이 나타나면, 그때서야 비로소 모든 것이 나타납니다. 그 이전에는 지식이나 무지나 냐나(지식)의 문제가 어디에 있습니까?

방문객 그러나 깊은 잠, 그것은 정말로 하나의 상태입니까?

마하라지 그렇습니다. 깨어 있는 상태와 깊은 잠과 꿈의 상태가 하나로 통합될 때 "내가 있다."가 성립됩니다.

방문객 하지만 깊은 잠에서는 시간이 없지 않습니까?

마하라지 거기에도 시간은 있습니다. 다만 시간의 목격이 없을 뿐입니다.

방문객 목격이 없는데 어떻게 시간이 있을 수 있습니까?

마하라지 그대의 시계가 그 목격하는 일을 했으며, 그대에게 여덟 시간 동안 잠을 잤다고 알려 주었습니다.

방문객 그래서 목격은 뒤에 일어납니까?

마하라지 맞습니다!

방문객 깊은 잠 그 자체에서는 시간이 전혀 없지요.

마하라지 그대에게 나중에 알려 주는 그 자는, 그 자가 그대에게 알려 주기 전에는 어떤 모습일까요?

방문객 형상 없음입니다.

마하라지 그것이 형상 없음이고, 그 모습을 볼 수 없다면, "내가 존재한다."는 의식도 거기에 없습니다.

방문객 그래서 깊은 수면에서는 "내가 있다."도 전혀 없겠습니다.

마하라지 예. 그러나 깊은 수면에 대한 목격은 실제로 일어납니다. 깊은 수면을 목격하는 그 원리는 잠을 자지 않습니다.

방문객 무언가가 무시간이지만 존재할 수 있다는 것을 이해하지 못하겠습니다. 말하자면 깊은 수면을.

마하라지 그대가 매우 깊은 사마디에 들어가면 그것을 깨달을 것입니다. 공의 상태를 만나고 싶다면 그대가 직접 공의 상태로 들어가야만 합니다.

방문객 그것이 제가 말하는 '편재' 혹은 '현존'이겠지요.

마하라지 '내가 있음'이 현존입니다. 그 '내가 있음'의 실재는 없습니다. 비(非) '내가 있음'만이 그 공을 만날 수 있습니다.

방문객 여전히 존재하는 것…… 그것을 나타낼 말은 없습니다. 현존. 생각도 없고, 느낌도 없으며, 하지만 존자하는 것……

마하라지 생각도 없고, 느낌도 없습니다.

방문객 깊은 수면 같은 사마디에는 들어간 적이 있습니다. 세 시간가량 지나서야 많은 일들이 (바로 저의 주위에서) 일어났다는 것을 알았습니다. 그러나 저의 구루는 그것을 기뻐하시지 않았습니다. 그분은 제가 그렇게 해서는 안 된다고 하셨습니다.

마하라지 사마디와 사마디의 경험자, 즉 그대는 '사마디'와 '사마디를 즐긴 자'라는 두 가지 측면을 잘 알고 있었습니까?

방문객 너무나 많은 세월이 흐른 뒤인 이제야 저는 그 둘이 동일하다고 말할 수 있습니다.

마하라지 맞습니다. 경험자와 경험은 동일한 하나입니다.

방문객 그러나 그것을 기억할 수 없습니다.

마하라지 그것은 기억되는 것이 아닙니다. 그것은 기억으로 파악될 수 없습니다. 현시된 역동적이고 유동적인 브람만은 그 어떤 말로 도 이해될 수 없습니다.

방문객 모든 것이, 심지어 무지와 고통마저도 궁극적인 진리를 가리키 는 지시봉이라고 할 수 있습니까?

마하라지 그대가 개별성을 완전히 해체시키면 그대는 더 이상 개인 이 아니고, 그러면 존재하는 모든 것은 빠라브람만에게 바치는 장 식물이나 뿌자(puja)입니다. 그러나 그대가 어떤 말을 통하여 자기 중심주의에 열중해 있는 한, 어떤 뿌자도 일어날 수 없습니다.

방문객 대문자 K로 시작되는 지식(Knowledge), 궁극적 지식……

마하라지 절대(the Absolute)?

방문객 그렇습니다. 앎, 그것을 어떻게 불러야 할지 모르겠습니다.

마하라지 그러나 그것은 앎이 아닙니다…… 절대 안에서는 어떤 앎 도 없습니다. 앎은 오직 과거에 존재합니다.

방문객 여기서 우리는 말의 어려움에 부닥칩니다.

48

마하라지 그것을 지식이라고 부르지 않는 게 더 낫습니다.

방문객 순수한 의식.

마하라지 그 상태에서는 어떤 앎도 없습니다.

방문객 그러나 어떤 무의식도 없습니다. 그것은 불가능합니다.

마하라지 그것은 의식하지 못합니다.

방문객 마음의 관점에서 볼 때 말입니다.

마하라지 그렇습니다. 그대가 존재하기 때문에…… 의식과 관련하여
그런 지적이 나옵니다. 바로 그 때문에 그대는 그것을 '의식 아님'
이라고 부릅니다.

방문객 그렇습니다. 그러나 실제로, 그 자치의 관점에서 보면……

마하라지 그대는 절대 상태에 대해 말하고 있습니다. '내가 있음'은
전혀 없습니다.

방문객 그것을 어떻게 불러야 할지 모르겠습니다……

마하라지 '절대'라고 부르세요. 그대가 지식이라고 부르는 순간 그 속성이 끼어들어 옵니다.

방문객 제 말뜻은 그게 아닙니다.

마하라지 니르구나(nirguna) 상태에 대해 말하고 있나요?

방문객 저는 이 산스크리프 용어를 모릅니다.

마하라지 구나(guna)는 '내가 있음'을 의미하고, 니르구나는 '내가 없음'을 의미합니다.

방문객 "내가 있다."는 절대 안에서는 사라집니다.

마하라지 그렇습니다. 앎이 없는 상태입니다.

방문객 앎이 없는 상태…… 그것이 앏니다! [웃음]

마하라지 앎은 앎이 없는 상태에서 나타납니다.

방문객 그렇습니다. 상대적인 존재성은 절대 안에서 알려지고 기록됩니다.

마하라지 존재성은 절대라는 배경 위에서 나타납니다. 그래서?

방문객 그래서 그것은 절대 안에서 알려집니다. 존재성은 하나의 대상으로서 알려집니다.

마하라지 앎을 알지 못한다면, 누가 그것을 '앎'이라고 부르겠습니까?

방문객 그것을 어떤 것으로 부를 사람이 아무도 없습니다.

마하라지 그게 바로 답입니다!

방문객 그렇다면 제가 오늘 아침 그것을 바로 이해했습니까? 마하라지께서는 우리에게 깊은 잠에서 누가 목격자인지를 알아내라고 충고하셨습니다.

마하라지 이 모든 장황한 말들은 단지 누군가를 만족시키려는 것입니다. 실제로 이 모든 것에는 어떠한 실체도 없습니다.

방문객 그렇다면 어떤 충고도 없었다는 말입니까?

마하라지 현시하는 역동적인 본성을 말로 나타내려고 하지 마십시오! 그냥 존재하십시오. 개념화하지 마십시오. 이제 모든 사람이 말의 압박을 받고 있습니다. 한 아이가 있고, 그 아이가 죽었다고 가정합시다. 그 원리가 무엇이든 간에, 그 역동적인 원리는 몸을 떠나갔습니다. 아니, 그대는 그 역동적인 원리의 정체가 무엇인지 말할 수 없습니다. 그것은 이제 이름도 없습니다. 몸과의 이러한 연관 때문에 그대는 그것을 말로 이해하려고 노력했습니다.

방문객 그래서 말이 유일한 문제로군요.

마하라지 그렇습니다. 모든 문제가 말에 있습니다. 몸을 떠나 버린 그 원리가 이제 몸에서 해방되었기 때문에 그대는 말을 통해서는 그것을 파악할 수 없습니다. 그 역동적인 존재성의 원리가 몸과의 연관성 때문에 어떤 모습과 어떤 말과 개념들을 받아들여 고통을 받고 있습니다. 모습이나 말이 없다면, 그것이 어떻게 고통을 받을 수 있겠습니까?

방문객 우리가 그것을 궁극적인 절대자에게 바치는 뿌자로 보면 이 모든 것은 즉시 그칩니다.

마하라지 그 말은 이 모든 수다스러운 일이 끝난다는 뜻이지요. 그런 식으로 이해해도 좋습니다. 그대는 몸도 아니요, 이름이나 형상에 말려든 것도 아니며, 그대가 바로 이 현시된 브람만이라는 것을 이해하면, 그대는 자유롭습니다.

방문객 "내가 자유롭지 않다."라는 생각마저도 뿌자의 일부분입니다.

마하라지 그대가 말하는 '뿌자'의 뜻은 무엇입니까? 뿌자는 누군가를 달래 주기 위한 하나의 과정이나 보조물입니다.

방문객 그러면 좋습니다. 그것을 [알아들을 수 없는 말]……로 부르시겠습니까?

마하라지 원하는 대로 그것을 부르십시오. 그것도 그것의 한 표현입니다.

방문객 그것은 그 자체와 장난치는 의식입니다.

마하라지 그렇습니다.

[새로 도착한 방문객에게] 여기에 앉으시려면 질문을 하셔야 합니다. 질문을 하지 않으시려면, 맨 뒤로 가서 앉으세요.

방문객 여기에 오시면 고개를 내밀어야 합니다. 그러지 않으면 (여기에 계시는 것은) 무익합니다.

마하라지 경기장에 들어가면 질문을 가지고 싸워야 합니다.

두 번째 방문객 네, 물론입니다.

마하라지 [세 번째 방문객을 가리키면서] 여러 해 동안 그는 지식을 흡수하려고 노력해 왔습니다만 아직 조금도 지식을 얻지 못했습니다. 그대는 어떤 지식을 얻었습니까?

방문객 무지한 사람도 전혀 지식을 얻지 못했고, 현인도 지식을 얻지 못했습니다. 그렇다면 그 차이는 무엇입니까?

마하라지 무지한 자는 지식을 얻어야 합니다. 왜냐하면 지식이 무지한 사람들에게 효과적이기 때문입니다. 냐니에게는 지식의 관념이 전혀 없습니다. 왜냐하면 그는 지식을 비실제적인 것으로 보기 때문입니다. 그러므로 그는 지식을 받아들이지 않습니다. 바로 그 때문에 그에게는 지식이 없습니다.

방문객 실제로는 아무도 지식을 가질 수 없습니다. 어떤 것도 가질 수 없습니다.

마하라지 실제로는 아무도 지식을 피할 수 없습니다. 아무도란 '누구'를 말합니까?

방문객 '소유자'를 말합니다.

마하라지 '아무도'는 '누구'를 가리킬 수 있는 사람을 말합니까?

방문객 이는 우리가 알 수 없는 소유자입니다. 심지어 그 소유자도 즉시 사라집니다…… 그래서 저는 두 가지 이유 때문에 지식의 소유자가 될 수 없습니다. 첫째로, 우리는 어떠한 생각도 소유할 수 없습니다…… 둘째로, 그 소유자는 1, 2초 이상 살지 못합니다. 그 또한 하나의 생각입니다.

마하라지 이것은 세속적인 차원에서 볼 때 모두 맞습니다. 그러나 진실로, 아무것도 존재하지 않습니다. 실제로 가장 높은 차원에서 볼 때 아무것도 존재하지 않습니다. 세속적인 차원에서 보면 모든 것은 존재합니다.

방문객 이것은 모든 것이 의식의 한 형태라는 뜻입니까?

마하라지 존재하는 것은 무엇이든지 오로지 의식의 표현일 뿐입니다. 의식이 없다면, 의식의 표현도 없습니다. 그러므로 아무것도 존재하지 않습니다. 그리고 이 의식은 불청객과 같은 개념입니다. 말하자면 그것은 자연발생적으로 나타난 것입니다.

방문객 그래서 일단 우리가 진리를 들었다면, 실제로는 오직 하나의 장애만 있는데, 그 장애는 바로 우리가 실제로는 거기에 도달할 수 없지만 도달할 수 있다고 생각하는 것입니다.

마하라지 진리를 깨친 후에는 오직 하나의 장애만 있습니다……

방문객 우리가 그것을 얻기 위해서는 거기에 도달해야 하는 것처럼 보입니다.

마하라지 진리를 듣고 난 뒤에도, 거기에 도달하기 위해서 여전히 애쓸 필요가 있습니다.

방문객 그것을 이해하려는 시도, 그것이 유일한 장애입니다. 왜 그런가요?

마하라지 진리에는 형태도 이름도 없기 때문입니다. 그러니 그것을 어떻게 이해할 수 있겠습니까?

방문객 그러나 우리는 그것을 위해 오랫동안 계속 노력합니다.

마하라지 이해하려고 노력하는 과정에서 그대는 정화되고, 그 과정은 가라앉습니다. 음식물로 된 몸의 정수가 이용될 수 있는 한, 이 의식은 지속됩니다. 의식이 몸을 떠날 때, 그 앎은 더 이상 없습니다. 앎이나 앎이 아닌 상태 혹은 그 밖의 어떤 것도 없는 우주적인 의식만이 남게 됩니다.

그 상태에서는 현시나 비현시 같은 문제는 전혀 없습니다. 그것은 오직 의식이 있을 때만 나타납니다. 몸의 정수와 연관이 있는 한, 이 구나, 즉 '내가 있음'이나 존재성의 이 상태는 언제나 나타날 수 있습니다. 그러나 일단 이 음식의 정수가 사라지면, '내가 있음'이라는 그 상태도 역시 사라집니다. 이러한 구나, 이러한 의식은 전적으로 음식으로 된 몸의 정수에 달려 있습니다. 후자(몸의 정수)가 소진되거나 더 이상 이용될 수 없으면, 이 의식 즉 이 구나도 거기에 없습니다. 거듭 말하지만, 음식으로 된 몸의 정수가 없으면 생명력이나 '내가 있음'의 접촉이나 이 구나는, 비록 그것이 개미나 코끼리에 관계하든 관계하지 않든, 없는 것입니다. 환생이나 윤회에 관한 모든 이야기는 무지한 대중들을 위해 마련된 이야기들에 불과합니다.

방문객 과거는 항상 이 순간에 투사되고 있습니까?

마하라지 무슨 일이 일어났든지 일어난 모든 일은 '과거'입니다.

방문객 그러나 우리는 결코 과거와 접촉할 수 없습니다. 우리는 오직 현재에만 존재하기 때문입니다. 그래서 우리는 지금 존재하지 않는 어떤 것과도 접촉할 수 없습니다. 그래서 아마도 과거와 같은 것은 전혀 없을 것입니다.

마하라지 무엇을 말하려고 하지요?

방문객 그래서 만약 과거가 없다면, 속박도 전혀 없습니다.

마하라지 그러나 그 과거와 접촉할 수 없다고 누가 말합니까?

방문객 제가 그렇게 말합니다.

마하라지 그러나 '저'라고 말한 그 자는 누구입니까? 이것은 '저'라는 말에 의해서 그 체따나(의식) 즉 그 현시된 역동적인 원리가 '저'라는 그 말에 걸려들었다는 것을 의미합니다. 만약 그 역동적이고 현시된 원리가 그 개념에 걸려들지 않으면, 거기에는 태어남과 죽음이 전혀 없습니다.

방문객 우리가 우리 자신의 본래 모습을 찾고 있을 때, 우리는 자기 자신을 의식과 동일시하지 않지만 그것을 잘못 이해할 수도 있지 않겠습니까? 우리가 우리 자신을 찾고 있을 때, 우리는 마하라지께서 말씀하시는 이 의식을 우리 자신의 본래 모습으로 받아들여 그것을 혼동할 수도 있지 않겠습니까?

두 번째 방문객 당신은 의식을 궁극적 상태로 잘못 보고 있습니다.

마하라지 맞습니다. 그 의식은 어떤 것에 선행하는 필수 조건입니다. 의식이 없으면 그대는 그 탐색조차도 할 수 없습니다. 그대는 내면을 들여다볼 수 없습니다.

질문을 계속하십시오.

방문객 전부 다 했습니다. 그러나 우리가 이러한 실수를 하면, 즉 우리가 우리 자신을 의식과 동일시하면, 그것도 여전히 일종의 느낌이나 경험입니까?

마하라지 그대는 의식입니다. 그대가 의식과 합쳐진다는 문제가 어디에 있습니까? 그대의 의식은 "내가 존재한다."를 의미합니다. '내의 있음'과 의식은 별개가 아닙니다. "내가 존재한다."는 상태 그 자체가 바로 의식입니다. 제 말을 이해하시겠습니까? 그대는 그대가 존재하고 있다는 말이 없어도 그대가 존재하고 있다는 것을 알고 있습니다. 바로 그것이 의식입니다.

방문객 이 의식은 형상 없이 존재할 수 있습니까?

마하라지 형상이 없으면, 다시 말해 음식으로 된 몸의 정수가 없으면 이 의식은 그 자체를 알 수 없습니다. 몸은 하나의 형상입니다. 예컨대, 그대가 어떤 고약한 냄새를 맡고 있습니다. 그러면 그 고약한 냄새를 풍기는 무언가가 틀림없이 있습니다. 그래서 어떤 것이 반드시 있습니다. 마찬가지로, '내가 있음'에 대한 이러한 이해를 하기 위해서는 무언가가 반드시 거기에 있어야 합니다. 그런데 그 무언가가 무엇이겠습니까? 몸, 즉 음식의 정수입니다. 이 몸이 반드시 있어야 합니다. 그리고 몸은 음식의 정수입니다. 음식의 정수가 저장된 곳이 몸입니다.

[이야기가 중단되고 한참 지나서] 나는 그대가 어떤 재미있는 이야기를 이끌어 낼 것이라는 큰 기대를 했습니다. 이야기를 할 사람이 아무도 없으면 모임을 마치고 사람들을 집으로 돌려보내겠습니다.

방문객　저는 질문을 위해 약간의 숙제를 했습니다. 저는 그 질문들을 적어 두어야 했습니다. 왜냐하면 제가 여기에 앉으면 저의 모든 질문들이 사라지기 때문입니다. 집으로 돌아가면 다시 질문이 떠오릅니다.

마하라지께서는 저희가 항상 "내가 존재한다."를 기억해야 한다고 말씀하셨습니다.

마하라지　그대가 존재한다는 것을 기억할 필요가 있겠습니까? 자연스럽게 그대는 그대가 존재한다는 것을 알고 기억합니다. 바로 그 때문에 그대는 여기 오지 않았습니까? 왜냐하면 그대는 존재하고 있기 때문입니다. 거기에 그대로 계십시오.

지금 그대는 행복을 실현할 수 있을 만큼 아직 지식을 갖추고 있지 않습니다. 행복은 그 상태와 같이 갑니다. 그대는 더 진보해야 합니다.

방문객 아직 이해가 안 됩니다.

마하라지 그대는 아직 충분히 성숙하지 않았습니다. 그리고 실제로…… 마침내 이해를 하게 될 때, 그대는 자신이 무엇을 이해했더라도 이 모든 것이 진실이 아니라는 것을 깨달을 것입니다.

방문객 그것은 제가 마음으로 깨달은 것입니다.

마하라지 마음이 무엇을 이해할 수 있습니까? 마음이 지혜라도 가질 수 있단 말입니까? 그것이 눈앞의 어떤 구경거리를 관찰하더라도 그것은 마음입니다. 그대가 무엇을 읽고 듣든지 그것은 다시 흘러나오는데, 그것은 마음입니다. 이전에 어떤 인상들이 들어갔다 하더라도, 그것들이 흘러나올 때 그 흘러나오는 것은 마음입니다.

방문객 어떤 면에서 저는 질문을 던지고 싶지 않습니다. 왜냐하면 명석한 질문을 던지고 그에 대한 명석한 답을 들으면 저는 더욱더 명석해지겠지만, 그것은 아무 소용이 없기 때문입니다.

마하라지 그대가 명석한 질문을 던지고 그대가 명석한 대답을 듣는다. 그것이 그대가 말하는 의미인가요?

방문객 그렇습니다. 이것으로 말미암아 저는 훨씬 더 명석해지고 그러면 또다시 질문을 시작하는데…… 그것은 아무 소용이 없습니다. 그러므로 이제 저는 질문을 하고 싶지 않습니다.

마하라지 그래서 그대는 명석해지고 싶지 않다는 거지요? 그대가 바라는 상태는 명석하지 않은 것이다. 그런 뜻인가요?

방문객 저는 매우 명석해질지도 모르지만, 그것은 도움이 되지 않습니다. 그것이 저를 행복하게 해 주지 못합니다.

마하라지 그것은 아무 소용이 없습니다. 그러나 누가 그것을 관찰하고 있습니까? 누가 이 말을 하고 있습니까? 누가 이 모든 관찰을 했습니까?

방문객 목격자 말입니까?

마하라지 나는 누가 그 목격자이며, 무엇을 목격하는지를 알고 싶습니다.

방문객 글쎄요, 제가 목격자라고 말할 수 있겠지만…… 확실히는 모르겠습니다.

마하라지 그리고 무엇을 목격했지요?

방문객 지성, 세계, 모든 것, 즉 현시된 모든 것입니다.

마하라지 그대는 얼마나 오랫동안 목격하는 그 위치에 있을 것입니까? 그대는 얼마 동안 그 목격하는 입장에 있습니까?
　문제는, 다시 말해, 모든 문제의 근원은 앎입니다. 앎이 없으면, 즉 그 의식이 없으면, 불행이나 고통이나 기쁨의 문제가 어디에 있겠습니까?

방문객 어디에도 없습니다.

마하라지 이제 그대는 그것을 알았습니다. 집에 가도 좋습니다. 그것을 이해했으니까요.

방문객 그러나 저는 그것을 느끼지 못합니다. 저는 그것처럼 그것을 경험하지도 못합니다. 저는 모든 것을 아주 명석하게 설명할 수 있지만, 그것은 여전히 효과가 없습니다. 심지어 저 자신에게도 말입니다.

마하라지 존재성 즉 '내가 있음'이 있는 한, 효용성이나 비효용성(을 왜 걱정합니까?). 의식이 없으면 효용성이나 비효용성은 전혀 문제가 되지 않습니다.

방문객 효용성?

마하라지 유용성이나 유용성 없음 말입니다.

방문객 그것은 의식의 상실을 의미합니까?

마하라지 그대는 의식을 잡아 본 적이 있습니까? 그리고 그 의식을 그대 자신의 것으로, 그대의 재산으로 만들어 본 적이 있습니까?

방문객 없습니다.

마하라지 그렇다면 조용히 계세요.
그것(의식)은 자연스럽게 나타났습니다.
왜 갑자기 모두가 조용해졌지요?

방문객 그것은 마하라지께서 원하시는 바가 아닙니까? [웃음]

두 번째 방문객 저희가 내용을 혼동하지 않도록 조언을 좀 해 주실 수 있겠습니까? 때로는 저는 이것을 '나'라고 간주하고, 또 어떤 때는 그것을 '나'라고 간주합니다. 저희가 어떤 것을 '나'라고 잘못 생각하지 않도록 조언을 해 주시겠습니까?

마하라지 "내가 이것이다, 저것이다."라고 말하지 마십시오. 단지 그대 자신, 즉 그대의 존재를 붙들고 계십시오. 그냥 존재하십시오. 단지 "내가 존재한다."로 계십시오. 알겠습니까?

방문객 예, 그러나 때로는 "내가 존재한다."를 경험한다고 저는 상상합니다. 때로는. 항상 그런 것은 아닙니다만.

마하라지 매 순간 그대는 "내가 존재한다."를 경험하고 있습니다. 바로 지금도 그대 자신을 경험하고 있지 않습니까? 그대가 존재하고 있지요?

방문객 예, 몸으로서.

마하라지 그대는 그대가 존재한다는 것을 알고 있습니다. 그렇지요?

방문객 예, 몸으로서, 마음으로서 나는 존재합니다.

마하라지 몸보다 이전에, 마음보다 이전에 그대는 존재하지 않습니까?

방문객 모르겠습니다.

마하라지 그대는 존재합니까? 존재하지 않습니까?

그 마음을 알아채는 자는 누구입니까? 그대가 그 마음을 알아챕니다. 그래서 그대는……

방문객 분리되어 있습니다.

마하라지 그대가 마음을 알아차릴 때, 그대는 그 마음과 떨어져 있지요. 그렇지요?

방문객 그렇습니다.

마하라지 그대는 몸을 알아차립니다. 그래서 그대는 몸과 떨어져 있습니다. 그대는 몸 이전에 존재하고 있습니다. 몸과도 분리되어 있고, 마음과도 분리되어 존재하고 있습니다. 아시겠습니까?

방문객 알겠습니다.

마하라지 다른 질문 있으면 하세요.

방문객 저의 첫 번째 질문에 대한 겁니다. 아직 마하라지께서는 이러한 것들이 혼동되지 않도록 조언을 해 주시지 않았습니다.

마하라지 그대는 단지 모든 것을 보는 목격자에 불과합니다. 그대는 사실 어떤 것과도 뒤섞일 수 없는 존재입니다. 그대는 사실 모든 것의 목격자입니다.

방문객 때로는, 즉 제가 아테네에 있을 때 저는 이런 저런 관점에서 보고 있다고 생각했습니다. 몸이 제 것이라고 생각했을 때 저는 몸을 볼 수 있습니다. 또 어떤 때는 제가 여전히 그 몸을 보고 있지만 다른 관점에서 보고 있습니다.

통역자 때로는 몸을 앞에서 보고, 때로는 뒤에서 보고 있다는 거지요. 제 말이 맞습니까?

방문객 아닙니다. 제 말은 그게 아닙니다. 제가 말하는 것은 보는 관점에 의존해 있는 몸-마음을 말합니다.

마하라지 그대는 몸과 마음과는 분리되어 있습니다. 그렇지요?

방문객 예.

마하라지 그것으로 충분히 됐습니다.

방문객 어떻게 하면 빨리 성숙해질 수 있습니까? [웃음]

마하라지 그대가 만약 그대의 '공'(nothingness)의 상태에 그대로 머무른다면 빨리 성숙해질 것입니다. 나는 오로지 '공'입니다. 나는 어떤 것도 아닙니다. 그러한 공에 머문다면 그대는 성숙해질 것입니다.

방문객 그것은 저희가 명상을 하거나 머릿속으로 그것(만뜨라)을 계속 암송할 때와 꼭 같습니까?

마하라지 그대가 명상을 한다면, 아뜨만이나 어떤 대상을 명상하면서 바로 거기에 존재하십시오! 물러나십시오! 그대가 무엇을 명상하든 그대는 그 명상의 대상이 아닙니다! 그대가 무엇을 관찰하든 그대는 그 관찰 대상이 아닙니다! 이런 식으로 그대가 관찰하는 것을 모조리 거부하십시오. 그리고 마침내 더 이상 관찰이 없는 그 자리에 편히 안주하십시오.

방문객 저는 일어나는 두려움 때문에 아주 조금밖에 명상을 할 수 없습니다.

마하라지 그대는 두려움이 아닙니다! 그대는 두려움을 봤습니다. 그렇지요? 그대가 두려움을 인정하는 것은 그 두려움을 받아들이기 때문입니다. 그 두려움에서 물러나세요. 그대는 그 두려움이 아닙니다. 물러나세요!

방문객 그러나 제가 물러서면 설수록 두려움은 더욱더 다가옵니다.

마하라지 그래도 물러나야 합니다. 그대는 가장 뒤에 배경처럼 자리 잡은 원리입니다.

방문객 명상을 하고 있을 때 두려움이 일어나면 그것을 확신하기가 어렵습니다. 기억하기가 어렵습니다.

마하라지 두려움이 일어나게 내버려두십시오! 그대가 두려움에 압도되어 죽건, 무슨 일이 일어나건 그것은 문제가 되지 않습니다. 그것이 무엇이건 두려움에 사로잡혀 죽으면, 죽게 놓아두십시오. 그러나 그대는 여전히 배경에 있습니다. 그것(두려움)이 그대에게 나타나도록 내버려두세요.

방문객 제가 죽는 느낌이 들어도 전혀 문제가 없단 말입니까?

마하라지 그러면 그대 자신을 죽게 놓아두십시오. 두려움에 사로잡혀 있는 것은 죽을 것입니다. 그러나 '그대'는 죽지 않을 것입니다. 그대는 실제로는 죽을 수 없습니다.

방문객 저도 압니다. 여러 번 그것을 경험했으니까요.

통역자 그대는 살아남지 않았습니까? 그런데요?

방문객 문제는 끝이 없습니다. 두려움과 고통이 끝이 없습니다.

마하라지 모든 것은 사라질 것이지만, 그대는 사라지지 않을 것입니다. 그대는 죽지 않을 것입니다.

방문객 다시 해 보겠습니다.

마하라지 그대는 이제 어떻게 하려고 합니까?

방문객 명상을 하겠습니다.

마하라지 명상을 한다면 무엇을 명상합니까?

방문객 앉아서, 일어나는 것을 그냥 지켜봅니다. 그리고 계속 저 자신에게 "그것은 어떤 것이야. 그것은 어떤 것이야……"라고 말합니다.

마하라지 그것으로 됐습니다.

방문객 그리고 물론 저는 매일 여기에 올 것입니다.

마하라지 4, 5일 동안!

방문객 4, 5일 동안이라고 하시는데, 그게 무슨 말씀입니까?

마하라지 4, 5일 동안 와도 좋다는 겁니다.

방문객 더 이상은 안 됩니까?

마하라지 새로 온 사람들을 위한 숙박 시설이 없습니다. 철저하게 이해하기 위해서는 와도 좋습니다. 그러나 그 다음에는 떠나셔야 합니다.

방문객 이해만으로는 족하지 않습니다.

마하라지 그러면 그 밖에 무엇을 원합니까?

방문객 더욱 깨닫고 싶습니다……. [웃음]

마하라지 깨닫는다고요? 누구의 깨달음입니까? 다른 어떤 사람의 것입니까, 아니면 그대의 것입니까? 그대의 참나 깨달음은 이와 같은 것입니까?……[제스처를 취한다.]

방문객 "이와 같다"는 말씀이 무슨 뜻입니까? 아직 질문을 이해하지 못했습니다.

마하라지 4, 5일 동안 내가 하는 이야기들을 철저하게 경청하고 난 뒤에 떠나가서 그 이야기들을 받아들이십시오.

방문객 제가 던지려고 하는 질문을 충분히 알고 있습니다만, 그것이 마음이나 붓디(지성)로는 이해될 수 없습니다.
　누군가가…… 현시되지 않는 것을…… 깨달으려고 하지만, 깨달을 것이 하나도 없습니다. 그것은 영원히 존재합니다. 시간과 공간에도 매이지 않습니다. 맞습니까?

마하라지 그대가 그것을 깨달았습니까? 그것이 그대의 경험입니까?

방문객 아닙니다.

마하라지 그렇다면 다른 누군가에 대해서 나에게 묻지 마십시오. 이 '내가 있음'은 그대의 생각에 떠오르지 않습니다. 그대는 존재합니다. 그것이 시간에 구속되어 있습니까? 아니면 시간을 초월해 있습니까? 그대는 지금 그대가 과거에 존재하지 않았다는 것을 알고 있습니다. 이 '내가 있음'은 과거에 없었습니다. 그것은 나중에 나타났습니다. '내가 있음'은 어떤 시점에 나타났습니다. 그대는 그대가 지금 존재하고 있다는 것을 압니다. 그 이전에는 이러한 '내가 있음'이 없었습니다. 그러니 이 '내가 있음'이 시간을 초월해 있다고 그대가 어떻게 말할 수 있습니까? 그것은 시간에 구속되어 있습니다. 그것은 이미 나타났습니다. 그러므로 그것은 반드시 사라집니다.

방문객 ['현시되지 않는 상태'를 실현하는 데 대하여 알아들을 수 없는 말을 오래 계속한다.]

마하라지 이 모든 이야기는 단지 말의 묘기에 지나지 않습니다. 나는 알고 싶습니다. "나는 존재한다."라는 이 약이 무엇입니까? 왜 그대는 존재합니까? 그대의 정체는 무엇입니까? 무엇 때문에 그대는 존재합니까? "나는 존재한다."라는 그 약이 없으면 그대의 정체는 무엇입니까? "나는 존재한다."라는 이 약을 이해하고 그것을 깨끗이 잊어버리기 전에, 그대는 "나는 존재한다."라는 약이 없는 상태에 대해 이야기하고 있습니다. 그것이 무엇인지를 이해하십시오!

나의 상태는 이렇습니다. 부모도 없이 나는 존재하며, 나는 태어나지도 않은 존재입니다. 마찬가지로 나는 오로지 그대 그 자체를 이해합니다. 그대도 역시 태어나지도 않은 존재이며 부모도 없습니다. 나는 지금까지 반복해서, 그대가 존재하는 것은 "나는 존재한다."라는 그 약 때문이라고 말했습니다. 그것은 일정 기간의 시간을 가지고 있습니다. 반복적으로 나는 그대에게 그렇게 말해 왔지만, 여전히 그대는 똑같은 기본적인 질문을 던지고 있습니다.

누군가가 나에게 기이한 질문을 했습니다. "저는 50명의 자식을 낳은 친아버지입니다. 누구 때문에 그들이 태어났습니까?" 그것이 그의 질문이었습니다. 그대의 아버지가 그러한 어리석은 질문을 다른 사람에게 했다면 어떨까요?

현시되는 것과 현시되지 않는 것에 대한 이 모든 이야기는 오락을 위한 이야기에 불과합니다. 먼저, "나는 존재한다."라는 이 약이 무엇이며, 무엇 때문에 존재하는지를 알아내십시오. 그대가 그것을 알아차리고 그것을 초월하면, 그대는 참나(마하뜨마)입니다. 그러면 사람들이 그대에게 찾아와서 이야기할 것입니다. 그대는 "내가 존재한다."는 이 원리를 이해했습니까?

영적인 경험이 많은 사람들이 여기에 오면, 그들은 단지 오락을 위해 대화를 시작합니다. 진정한 상태에서는 아무것도 존재하지 않습니다. 이 모든 영적인 대담은 영적인 허튼 소리입니다. 그대는 세상에서 무지한 대중을 상대로 이야기할 수 있습니다. 그대는 아무리 많은 개념들이라도 그들에게 전달할 수 있습니다. 예를 하나 들어 보겠습니다. 우리나라의 어떤 지방에서는 사람이 죽으면 그의 장신구들을 이발사에게 줍니다. 왜냐하면 그 장신구들이 이발사를 통해 죽은 사람에게 갈 것이라고 믿기 때문입니다. 그것이 개념입니다. 그래서 그러한 개념들은 모두가 무지한 사람들에게 어울리는 것입니다. 그러나 그대는 깊은 영적인 문제들을 논의하는 이런 자리에서는 그러한 이야기들을 잘 할 수 없습니다. 궁극적으로 이러한 영적인 이야기들이 무엇입니까? 무지가 판을 치고 있는 한, 그런 이야기들은 있을 것입니다. 무지를 없애기 위해서는 소위 지식이 필요합니다. 지식은 무지를 없애 주고, 그 다음에는 자기도 역시 사라집니다. 지식과 무지가 둘 다 떨어져 나갑니다. 남는 것은 절대적인 상태입니다.

다시 태어남과 환생의 문제를 예로 들어 봅시다. 다섯 원소의 이러한 현시적인 작용 속에서는 실체 그 자체 혹은 개인이나 개성은 전혀 없습니다. 다섯 원소의 작용을 통해, 음식의 정수라는 형태로 있는 그 작용의 가장 순수한 형태가 어떤 모양으로 나타날 때, 그 순간이 거기에 존재하는데, 그것은 통상적인 무지한 개성입니다.

그 음식의 정수로 된 몸이 그 생명의 호흡과 함께 이용될 수 있는 한, 생명력은 거기에 있습니다. 그것이 바로 태어남입니다. 몸이 이용될 수 없을 때, 우리는 그것을 죽음이라고 부릅니다. 그 다음에는 다시 태어납니다! 무엇이 다시 태어납니까? 다섯 원소의 작용이 태어납니다! 어떤 개성의 태어남이나 이런 저런 사람의 태어남은 전혀 없습니다. 그 문제는 일어나지도 않습니다.

방문객 몸이 죽는다는 것은 몸이 죽은 뒤에 아무 고통이 없다는 것을 의미합니다.

마하라지 몸이 죽는다는 말이 무슨 뜻입니까? 몸이 죽습니까? (다시 그의 담배 라이터를 가리키면서) 이것도 죽을 수 있습니까?

방문객 그러나 그것은 살아 있는 것이 아니지요!

마하라지 그대가 불을 일으키면 그것은 생명력과 불로 가득 찹니다. 생명의 호흡이 몸을 떠날 때, '내가 있음'이라는 이 특성도 사라집니다. 바로 그곳이 공기가 현시되는 곳입니다. 말하자면, 그것이 우주적 공기와 하나가 되는 곳입니다. 이 '내가 있음' 즉 의식도 역시 우주적 의식과 하나가 됩니다. 그 상태에서는 어떤 앎도 없습니다. 그리고 몸은 다섯 원소들과 하나가 됩니다. 죽음이 어디에 있습니까? 라이터의 불꽃이 꺼지면, 그대는 그것을 죽음이라고 부르시겠습니까? 다시 말해, 그대는 그 연료가 완전히 소진된 상태를 죽음이라고 말하는 것 아닙니까? 물론 그것을 죽음이라고 말해도 되겠지요.

3

진정한 성자는
이미 개성을 초월한 자이다

방문객 진리에 대해 말한다고 주장하는 사람들은 많이 있지만, 확실히 진리를 아는 사람은 소수뿐인 것 같습니다. 왜 그렇습니까?

마하라지 왜 '나'에게 묻습니까? '내'가 그대에게 어떻게 말할 수 있습니까? 누군가가 자식을 얻지 못했습니다. 그런데 그대는 나보고 "왜 내가 자식을 얻지 못했느냐?"고 묻고 있습니다. 그러한 질문은 이 자리에 어울리지도 않고 적절하지도 않습니다. 이러한 철학은 이미 그대에게 설명되었습니다. 왜 그러한 질문을 하십니까? 오직 그대 자신의 자아에 대해 질문하십시오. 이 문제에 대한 이야기는 더할 나위 없이 괜찮지만, 비생산적인 문제들에 대한 이야기는 할 힘이 없습니다. 오직 자아에 대한 이야기만 하십시오. 그러면 내가 바로 핵심을 찔러 문제를 설명해 드리겠습니다. 그러나 그 밖의 다른 화제는 꺼내지 마십시오.

그대는 나로부터 지식을 얻었습니까, 아니면 다른 누군가로부터 얻었습니까?

방문객 저는 주로 저 자신의 자아로부터 얻는다고 생각합니다.

마하라지 그대가 정말 그대 자신의 자아로부터 지식을 얻고 있다면, 그대는 우선 이 자리에 오지 않았어야 합니다.

방문객 제 말은 모든 지식이나 궁극적인 지식을 말하는 게 아닙니다.

통역자 마하라지께서는 당신이 여기서 무엇을 얻고 싶은지를 알고 싶어 하십니다. 다른 스승들이 당신에게 지식을 설명해 주었습니까?

두 번째 방문객 그분은 당신의 지식의 출처가 어떤 것이며, 어떤 책을 읽었고, 또 누구로부터 그 밖의 어떤 것을 들었는지를 알고 싶어 하십니다.

방문객 저는 마약으로 시작했고, 그 다음 볼터 키어스[3]의 강론을 들었으며, 마침내 마하라지를 찾게 되었습니다.

마하라지 그대는 그대의 지식이 그대 자신의 자아에서 나왔다고 말했으니 내일부터는 나오지 마십시오.

방문객 알겠습니다만, 그것은 "내가 있다."나 변화–없음에 대한 지식이 아니라 단지 변화에 대한 지식이었습니다.

마하라지 그대가 정말로 그대 자신을 통하여 지식을 얻었다면, 왜 내가 그대 때문에 골머리를 앓아야 합니까?

통역자 적절치 못한 질문은 하지 마십시오. 마하라지께서는 몸이 편찮으셔서 쉽게 지치시기 때문입니다. 우리가 쉽게 그분께 다가갈 수 있다고 해서 아무 질문이나 함부로 해도 된다는 뜻은 아닙니다.

마하라지 나는 이야기를 할 때마다 신체적으로 고통을 받습니다.

방문객 저희 대부분은 이러한 구루와 제자의 전통이 없는 유럽에서 왔습니다. 그래서 저희는 바른 행동 예법을 모릅니다.

---

3 '아드바이따 베단따'에 대한 저명한 네덜란드의 작가이며 강사이고, 《나는 그것이다(I Am That)》를 네덜란드어로 옮긴 이. 그는 현재의 이 책에 녹음된 대화 속에서 자주 등장하는 질문자였다.

마하라지 이곳에서는, 전통적으로 구루는 최고의 신이며, 신들 중의
신입니다.

❧

마하라지 이것을 이해한 사람은, 다시 말해, 몸에 제한된 의식이 실
제로는 무한한 우주적 의식이라는 것을 이해한 사람은, 만약 그가
확신을 가지고 이것을 받아들였다면 그에게 더 이상 필요한 것이
무엇이 있겠습니까?

내가 말하는 것은 모두 나는 몸-마음이 아니라는 관점에서 나온
것입니다. 그래서 만약 그대가 자신이 몸-마음이라는 관점에서 내
가 말하는 모든 것을 받아들이고 또 거기에서 하나의 유사한 대상
으로서 무언가를 얻고자 기대한다면, 그것이 무슨 소용이 있겠습
니까?

거듭 말하거니와, 내가 말하는 모든 것은 내가 몸 없이 존재하고
또 내가 몸이 아니라는 확신에서 나온 것입니다. 그러므로 누군가
가 그것을 이해하고 싶지만, 여전히 자기 자신을 몸과 동일시한다
면, 그가 어떻게 내가 전달하려고 하는 것을 이해하기를 바랄 수가
있겠습니까?

질문 있으세요? 질문을 하시되, 우리가 몸을 가지고 있지 않다
는 토대 위에서 우리가 말하고 질문하고 있다는 것을 이해하십시
오. 몸이 있고, 몸은 고통을 받고 있습니다. 그러나 나는 내가 몸이

아니라는 것을 알고 있습니다. 나는 우주적 의식입니다.

나는 다른 곳에서 그들이 '영적인 지식'을 토론하고 있다는 잘못된 개념에 입각하여 일반적으로 이야기되고 있는 것에 대하여 말하지 않겠습니다. 나는 오직 우리 자신의 자아에 대해서만 이야기하겠습니다. 나는 사람들을 속이지 않겠습니다. 왜냐하면 나는 그들이 이곳에 오기를 바라고, 또 그들은 나를 구루로 알고 오기 때문입니다.

반드시 우리가 이해해야 하는 것은 모든 것을 구성하고 있는 그 '나' 즉 자아입니다. 우리는 이 개체를 철저하게 이해해야 합니다. 이 하나를 제외하고 다른 어떤 것이 있을 수 있습니까?

지금까지 수많은 화신들이 있었습니다. 그들은 사라졌지만 그들의 몸은 다섯 원소들과 융합되었습니다. 어떤 것이 변했습니까? 자아는 수백만 년 동안 옛날 그대로 계속 존재합니다. 이것이 순수한 마음임을 이해하십시오. 그러면 그 밖의 다른 모든 것은 바보 같은 어리석은 짓입니다.

몸 안의 의식은 외부에서 주어졌거나 그것이 획득한 다양한 개념들과 꼼짝없이 얽혀 있어서 이제는 그것들을 의식 그 자체의 일부분으로 간주하고 있습니다.

나는 지금 내가 말하고 있는 것을 통하여, 여러분이 자기 자신이라고 생각하는 것의 모습을 보여 주고 있습니다. 냐니는 이것이 전혀 진실이 아니라는 것을 알고 있습니다. 그는 진리를 알고 있습니다.

방문객 생각은 결코 이것을 이해할 수 없습니다. 생각이 완전히 고갈되어 이해하려는 것을 그만두기까지는 어느 정도 시간이 걸립니다. 구도자가 사라지는 순간 이해가 되기 시작합니다.

마하라지 우리가 이것에 대하여 완전히 확신할 때만 그렇습니다. 어떤 누구도 그대에게 말해 줄 수 있는 더 이상의 것이 없고, 이해해야 할 것도 더 이상 없습니다.

심지어 확신의 문제도 어디에 있습니까? 몸은 사라져 다섯 원소들과 혼합될 것이고, 호흡은 공기와 혼합될 것이며, 그리고 의식은 우주적 의식과 혼합될 것입니다. 그것은 이만큼 간단합니다.

우선은 몸이 없이 존재하십시오. 그러면 어떤 말이 나오더라도 그 말은 지식 그 자체가 될 것입니다. 그 말은 특정한 기관에서 나오지 않을 것입니다. 그 말은 지식 그 자체가 될 것입니다. 몸은 음식의 성질을 지니고 있어서, 병이 있다면 그것은 몸의 병입니다. 왜냐하면 몸을 구성하고 있는 것에 불균형이 생겼기 때문입니다. 내가 어떻게 걱정을 하겠습니까?

이 생명력, 호흡 그리고 의식, 이들은 태양이나 햇빛과 같습니다. 거기에는 너무도 많은 일치가 있습니다. 그들은 실제로 하나입니다. 그래서 하나가 사라지면 다른 것도 사라집니다. 우선, 만약 그대가 그대 자신을 의식으로 생각할 수 없다면, 적어도 생명력으로 생각하십시오. 왜냐하면 그 둘은 하나이지만 어떤 경우에도 몸은 아니기 때문입니다. 생명력과 의식은 항상 자유롭습니다. 그러나 그들이 몸과 연관되어 있기 때문에 속박이 일어난 것입니다.

　일단 그대가 몸이 아니라고 여기고 또 이러한 확신이 커지면 그대의 몸도 그 때문에 훨씬 더 건강해질 것입니다.

방문객　그것이 당나귀를 달리게 만드는 당근입니까?

마하라지　그것은 그대 자신이 가장 잘 알 것입니다.

　나는 이 의식이며, 나는 근원이며, 나는 임차인이 아닌 주인입니다. 그대가 좋아하는 어떠한 개념이든지 받아들여도 되지만, 내가 그대에게 더 이상의 개념을 주리라는 것은 기대하지 마십시오. 그대는 자신을 행복하게 해 줄 어떠한 개념도 받아들일 수는 있으나, 그것도 여전히 하나의 개념에 불과하다는 것을 기억하십시오.

　그대가 조용히 앉아 있다고 가정합시다. 갑자기 한 생각이 일어나면서 우리는 대단히 불행해집니다. 그러다가 다른 어떤 생각이 일어나고, 원래의 생각과 불행은 둘 다 사라집니다. 우리가 마음에 의존해 있는 한, 마음은 항상 우리를 불행하게 만들 것입니다.

　고통이란 정말 무엇입니까? 고통이란 단지 한 생각이나 한 마디 말 즉 마음이 일으킨 것에 지나지 않습니다. 만약 그것이 일어나지 않는다면 불행의 문제가 어디에 있겠습니까?

　내가 주는 모든 지식은 항상 자유롭고 열려 있습니다. 그러나 그것을 받아들이는 사람이 만약 스스로 마음을 열어 받아들이지 않는다면, 도대체 내가 어떻게 할 수 있겠습니까?

이 문제에 대하여 질문 있습니까?

그대의 말, 즉 그 말의 호흡, 그 생각의 호흡, 그 마음의 호흡, 그것은 몸과 같이 있습니까, 아니면 몸 없이 있습니까? 말은 몸 없이 있습니다. 마음은 몸 없이 있습니다. 생명력은 몸 없이 있습니다. 그리고 일어나는 모든 것은 생명력의 영향 때문입니다. 생명력은 움직임을 의미하고, 의식은 움직임입니다.

내가 마음속에 있는 것을 해석할 때만 나는 행복해지거나 불행해집니다. 마음이 움직이지 않고 해석이 없는 한, 행복하다거나 불행하다는 어떤 문제도 없습니다. 그대가 행복이나 불행, 죄나 공덕, 천국이나 지옥이라고 생각하는 것이 무엇이든 그 모두가 전적으로 말의 의미에 달려 있습니다. 그것은 말이고, 생각이며, 마음입니다.

다시 반복해서 말합니다. 이것을 이해한 사람은 이 자리에 오게 하지 않을 것입니다. 그러나 그것을 이해했지만 여전히 소화하는 중에 있다고 생각하며 큰 열정을 가지고 진지하게 여기에 오는 사람들, 그들에게는 입장이 어떤지를 간단하게 말하고 그들 또한 돌려보낼 것입니다.

의식이 없다면, 에테르와 대기, 하늘과 공간 같은 개념들이 어떻게 있을 수 있겠습니까? 의식이 항상 일차적 요인입니다. 생명력과 몸 속의 이 의식은 반드시 사라지게 되어 있습니다.

여기에서 주제를 논의하는 방식은 그대의 구루가 설명해 준 방식과 비슷합니까?

방문객 물론, 그것은 누구와 애기하는지에 따라 크게 달라집니다. 때로는 이런 식으로 접근하고 때로는 저런 식으로 접근합니다.

마하라지 내가 왜 이런 식으로 말하겠습니까? 이것은 오해를 살 수도 있을 것입니다. 나는 내가 하고 싶은 방식대로 말합니다. 왜냐하면 나는 내가 몸도 아니요, 사물도 아니라는 것을 알고 있기 때문입니다. 그러므로 나는 말을 하게 되고 말할 의무를 느낍니다.

나는 존재합니다. 그리고 나는 존재하지 않습니다. 나는 그 어느 것도 아닙니다! 존재도 아니요, 부재도 아닙니다. 그 때문에 나는 생각이 떠오르는 대로 무엇이든지 말하는 것입니다. 자기의 존재를 의식하고 있는 사람 같으면 누구라도 이런 개방적인 방식으로 말하지 않을 것입니다. 나는 존재의 본질을 통각(統覺)했으며, 또한 존재하지 않는 본질도 통각했습니다. 그리고 존재하고 있는 것과 존재하지 않는 것, 이 둘 다가 사라지고 난 뒤에 남는 것은 '나'입니다. 나는 확실히 존재도 아니요, 심지어 부재의 존재도 아닙니다.

누구든지, 아무리 위대한 사람일지라도 그가 가질 수 있는 모든 지식은 그가 자지 않고 또 심지어 깨어 있지 않을 때도 눈 깜짝할 사이에 가지는 그 지식입니다. 그는 잠이 어떤 것이었는지 말할 수 없습니다. 왜냐하면 그는 잠 속에서는 의식적으로 존재하지 않기 때문입니다. 그가 말할 수 있는 것은 단지 그가 깨어 있을 때, 즉 의식이 있을 때의 어떤 것입니다.

냐니의 예를 들어 봅시다. 그는 정말 냐나를 가지고 있습니다.

그러나 그가 그의 지식이 어디에서 일어났는지를 말할 수 있습니까? 지식은 전혀 지식이 없는 그 지점에서 일어났습니다. 그것은 어떻게 일어났습니까? 그것의 본질은 어떤 것입니까?

이곳에 와서 지식을 갖게 된 사람들은 어떻게 그것을 다른 사람들에게 전달할 수 있겠습니까? 이 세상에서 실제로 일어나는 것은 이렇습니다. 누군가가 많은 자료를 수집합니다. 즉 어떤 사람의 판단과 그 밖의 다른 어떤 사람의 판단을 수집합니다…… 많은 판단들이 수집됩니다. 그리고 그는 이 모든 판단의 결합을 자기 지식의 자본으로 생각합니다. 그래서 그가 나누어 줄 수 있는 것은 오직 그것입니다. 그들은 단순히 견해를 교환할 뿐입니다. 즉, 샹까라는 이렇게 말했고, 붓다는 저렇게 말했으며, 그 밖의 다른 사람은 다른 어떤 것을 말했다고 얘기합니다. 이런 식으로 그들은 견해를 교환하고, 그것을 냐나라고 부릅니다. 그러나 다른 사람들의 이러한 견해들을 반복해서 전하는 그 사람은 그들이 이러한 판단들을 말할 때 거기에 있었습니까?

그것이 우리가 타인의 존재를 이해했을 때, 그리고 둘이 서로의 존재를 이해했을 때의 상황이었습니까? 그런 경우라면 사정은 다릅니다. 그러나 단순히 다른 사람들의 의견을 앵무새처럼 되뇌는 것은 지식이 아닙니다. 과거에 있었던 판단과 과거에 일어났던 일들이 일단의 사람들 사이에 교환되고 있는데, 그들은 그것을 지식이라 부르고 있습니다.

"나는 사랑한다."는 그 일차적인 개념은, 다시 말해, 내가 존재

할 뿐만 아니라 내가 사랑하고 있다는 그 일차적인 개념은 사람들
이 가지는 다른 모든 개념들의 가정을 쿨러일으키는 기본적 개념
입니다.

오랜 세월 동안 나는 내가 태어날 예정이라는 것을 몰랐을지 모
릅니다. 심지어 잉태되기 바로 전날마저도 내가 잉태될 것이라는
것을 몰랐습니다. 그러고 나서 9개월이 지나서 몸은 태어났고, 몇
달 뒤에, 즉 의식이 활발하게 작용하고 있을 때 나는 내가 태어났
다는 것을 알게 됩니다.

[특정한 방문객에게] 나는 그대가 냐니라고 생각합니다. 그래서 나
는 그대에게서 대답을 듣고 싶습니다. 무엇이 태어났고, 그것은 어
떻게 태어났습니까? 그대의 경우에 말입니다.

방문객 오직 "내가 존재한다."는 생각만이.

마하라지 누가 그대에게 이것에 대해 말해 주었습니까?

방문객 저의 부모님께서. 그분들은 저에게 몸과 성격 등이 있다고 말해
주셨습니다.

마하라지 됐습니다. 그대가 가지고 있는 모든 지식은 남에게 들은 말
입니다. 그것이 내가 지적하고 싶은 사항입니다.

자신의 참된 자아에 대한 지식이 없는 사람이 어떻게 구루가 될

수 있겠습니까? 오로지 자신의 참된 자아에 대한 지식을 가지고 있는 사람만이 구루가 될 수 있습니다. 만약 자신이 태어날 것이라는 것을 알았다면, 그는 거부할 것입니다. 그는 자신이 음식물 속으로 들어가야 한다는 명제를 받아들이지 않았을 것입니다. "고맙지만, 그냥 넘어가겠습니다. 나는 그것을 원치 않습니다."라고 하면서……

✿

마하라지 몸이 떨어져 나간 뒤에 나타나는 그 상태에서도 기억이 있을까요? 인습적으로나 전통적으로, 몸이 떨어져 나간 이후에도 여전히 기억이 있다고 말하는 사람들이 있습니다. 나는 그것을 믿지 않습니다. 왜냐하면 몸의 경험이 전혀 없기 때문입니다. 몸이 존재하는 한, 마음도 있습니다. 그리고 마음은 개별적으로 만들어진 기억의 패턴을 창조합니다. 그러므로 개성이 있습니다. 그대가 의식을 가진 현시된 상태라면, 마음의 작용이 전혀 없고, 그러므로 개성도 전혀 없습니다. 그대는 오직 현시일 뿐입니다. 그래서 조금이라도 생각이 일어나면, 그 생각들은 본성에 대해서만 현시되는 그 개별적 개념과는 관련이 없을 것입니다.

이미 돌아가신 성자들은 어떨까요? 그들이 몸을 나타내기 전에 어떤 상태를 가졌더라도, 그들은 그 원래의 상태로 되돌아갔습니다. 이 앎, 의식, '내가 있음'은 오직 주어진 몸이 있을 때만 나타납니다. 냐니가 몸을 가지고 있지 않으면, 그는 아무것도 필요하지 않습니다. 그는 참의식입니다.

통역자 당신의 나라에도 성자들이 있을 수 있습니다. 그래서 저는 마하라 지께 이렇게 말씀 드렸습니다. 즉, 우리가 여기서 큰 존경심과 경외심으로 성자들을 받아들이는 태도는 아마도 그곳에서는 관례가 아닐지 모른다고 말입니다. 저는 모릅니다만, 다른 사람들도 있을 것입니다. 그들은 아마도 라마나 마하리쉬 같은 성자들에 대하여 들었을 것입니다. 왜냐하면 그들은 마하리쉬를 통하여 자기실현의 가능성에 대하여 알게 되었기 때문입니다.

마하라지 성자는 개성이나 인성을 초월하여 현시된 의식에 머물고 있는 사람입니다. 그래서 그 판단의 척도는 그가 의식에 머물고 있느냐 하는 것입니다. 그 현시된 의식은 현자의 특별한 몸을 통하여 표현됩니다. 그러나 그 몸에는 개성이 전혀 없습니다. 그러한 실체만이 현시된 의식의 배경을 이루고 있기 때문에 참된 성자들입니다.

방문객 인도로 오기 전에 저는 저의 의문에 대한 답을 얻기 위하여 사방으로 다녀 봤지만, 아무도 답을 주지 못했습니다. 저는 구교도, 신교도 할 것 없이 모든 사람에게 다 물어 봤으나, 아무도 저의 근본적인 질문에 답변을 할 수 없었습니다.

마하라지 왜 그들은 답변을 못했습니까?

방문객 그들은 몰랐습니다. 예를 들면, 모든 사람이 영혼에 대하여 이야기하고 있었습니다. 그래서 저는 이 영혼이 무어냐고 물었습니다. 아무도 몰랐습니다. 이 모든 사람은 그 뜻을 설명하지 못하고 그 단어를 사용하고 있었습니다.

[통역자는 마하라지께 '영혼'을 통역할 때 아뜨마(atma)라는 단어를 사용했다]

영혼은 아뜨마가 아닙니다. 아뜨마는 비개성적이지만, 영혼은 일종의 영적인 개성입니다. 영혼은 아뜨마와 지바(jiva)의 혼합체입니다.

마하라지 그대는 아뜨마가 무엇인지를 이해하고 있습니까?

방문객 생각이 사라질 때 남아 있는 것입니다.

마하라지 그러면 생각이 있을 때 그것은 무엇입니까?

방문객 우리가 조용히 움직이지 않고 있을 때.

마하라지 생각에 의해 조건 지어진 아뜨마 즉 의식이 있습니다.

방문객 아뜨마는 결코 변화하지 않는 것입니다. 그래서 모든 생각, 두려움 그리고 감각적 인식은 그것을 공통적으로 가지고 있습니다.

통역자 당신은 생각이 없을 때를 말했습니다. 그러나 생각이 있을 때는 어떻습니까?

방문객 아뜨마 역시 거기에 있습니다. 그것은 모든 생각과 느낌들이 공통적으로 가지고 있는 것입니다. 그것은 모든 생각과 모든 느낌, 모든 감각적 인식 속에 존재해 있는 것입니다. 그것은 변화하지 않습니다.

마하라지 그대가 어떤 사람이든, 그 의식, 앎, 그것 자체가 아뜨마입니다. 그대가 몸의 정체성을 가지고 그 의식을 이해하면, 그대는 고통을 받습니다. 구루는 제자의 영성이 성숙해지는 것을 보면, 다시 말해, 제자가 내면에서 성장해 가는 것을 보면 기분이 좋아집니다. 우리는 그것이 오직 그것(성숙)을 나타낼 때만 이야기해야 합니다. 나는 그대의 올바른 수준에서 그대의 질문을 기대합니다. 보다 낮은 수준에서는 질문을 던지지 마십시오.

방문객 저의 수준에서 말하자면, 저는 오직 침묵에 관심이 있습니다.

마하라지 그대의 이야기는 너무 높은 수준에 속하거나 너무 높은 수준에 있어서, 어떠한 종교라도 종교를 가진 보통 사람은 알아들을 수 없습니다.

기독교도는 예수 그리스도를 숭배하고, 회교도는 예언자나 신을 믿고, 힌두교도는 너무 많은 신들을 숭배하지만, 그대는 이 어떤 것도 하지 않습니다. 그대는 숭배에 대한 어떠한 의식이나 혹은 이것이나 저것을 해야 한다는 어떤 것도 논의하고 있지 않습니다. 그대는 이 모든 것을 믿고 있지 않습니다. 그래서 그대의 이야기는 정말로 쓸모없습니다.

그대의 존재가 무엇이든 간에, "그대가 존재한다."는 것, 그 의식, 그대 내부의 아뜨마 혹은 자아, 다시 말해, 그것 그 자체는 다름 아닌 신입니다. 다른 신들에 대한 모든 이름과 칭호들은 오직 그대를 위해 마련된 것입니다. 그대는 "나는 존재한다."는 그 지식입니다. 그래서 만약 그대가 숭배를 하고 싶다면, "나는 존재한다."는 그 지식을 숭배하십시오. 오직 그 '내가 있음'에만 헌신하십시오. 그대가 그렇게 하면, 다른 모든 종교 의식들은 필요가 없고 쓸모없이 될 것입니다. 마침내 그대가 모든 것이 쓸모없다는 것을 깨달으면, 모든 것은 브람만입니다. 그것은 그대가 절대적인 차원인 빠라브람만 수준에 있다는 것을 의미합니다. 그 수준에 있게 되면, 그대는 브람만을 포함한 모든 것을 쓸모없는 것으로 마음속에 그릴 수 있습니다. 왜냐하면 브람만도 역시 환상으로 바뀌기 때문입니다. 그러므로 나 자신의 이야기를 포함하여 이 모든 이야기들은 그대가 최고의 수준에 이르게 되면 환상으로 바뀔 것입니다.

방문객 그러면 이 모든 숭배도 쉬게 될까요?

마하라지 인간에게 헌신의 성향이 있으면, 그것은 어떤 기분을, 다시 말해, 예배와 숭배의 느낌을 일으킵니다. 그러나 신의 상태 즉 의식이나 존재성은 이 감정적 상태마저도 초월합니다. 이러한 감정의 상태를 어떻게 초월합니까? 이런 목적을 달성하기 위해서 어떤 수행법들이 권장되고 있습니다.

감정은 승화되어야 합니다. 그대는 그 감정을 몰아내거나 억압할 수 없습니다. 왜냐하면 우리의 그 감정적 측면은 확실히 보다 낮은 단계에서는 인간 본성의 일부분이기 때문입니다.

방문객 [람다스의 책에 대하여 묻는다.]

통역자 그(방문객)의 구루는 그에게 말하길, 읽는 데 2주에서 한 달 정도 걸리는 그 책을 읽기 전에 예배를 올려야 하며, 그 책에 대하여 쁘라사드를 올려야 한다고 했답니다. 당신은 쁘라사드의 의미를 압니까? '먹을 것'이라는 뜻입니다.

마하라지 그 책이 먹을까요? 그대가 그 책에 예배를 올릴 때 그 책이 기뻐할 것이라고 생각합니까? 그것은 오로지 그대 자신의 감정을 만족시키거나 승화시킬 뿐입니다!

좋든 싫든 그것은 모두 그대 감정의 표현입니다.

방문객 저는 저의 아뜨만을 알고 싶습니다. 어떻게 해야 합니까?

마하라지 "나는 존재한다."는 바로 그것이 아뜨만입니다. 아뜨만은 다른 어떤 것을 아는 것이 아닙니다. 바로 그 지식이 아뜨만입니다. 아뜨만을 신으로서 숭배하십시오. 그 밖에는 아무것도 없습니다. 그 원리만 숭배하십시오. 그 밖의 어떤 것도 할 필요가 없습니다.

"나는 존재한다."는 바로 이 지식이 최고의 궁극적 상태로 인도해 갈 것입니다. "나는 존재한다."는 이것은 생명의 호흡이 존재하는 한, 거기에 있습니다. 그리고 그대가 "나는 존재한다."는 그것을 오직 현시된 브람만으로만 숭배할 때, 그대는 불멸에 이르게 됩니다. 그대가 죽을 때, 일반적인 말로, 죽음이 그대에게 일어나면, "나는 존재한다."는 그 지식은 오직 현시된 지식이 될 것이고 그것은 죽지 않을 것입니다.

방문객 [통역 없이 마라띠어로 질문을 한다.]

마하라지 그대는 누구입니까? 그대는 그대가 여기에 앉아 있다는 것을 압니다. 그대는 말이 없어도 그대가 존재하고 있다는 것을 압니다. 오로지 "나는 존재한다."는 그것이 되십시오.

나는 이 모든 것을 말로 하기 위하여 화려하고 불필요한 언어를 사용하고 싶지 않습니다. 나는 바로 핵심을 찌를 것입니다. 얼마나 많은 성자들이 오로지 자아의 관점에서만 이야기하겠습니까?

오직 하나의 아뜨만밖에 없습니다. 그는 공간-아뜨만, 불-아뜨만, 물-아뜨만입니다. 말하자면, 그들은 다섯 원소에 대하여 모두 같습니다. '내가 있음'을 제외하고 다른 어떤 자아도 없다는 확고한 신념을 가진 사람은 빠라브람만에 확고히 자리 잡고 있습니다.

❧

마하라지 "나는 존재한다."는 것을 아는 기준이 되는 바로 그 원리에 거주하고 있는 자는 현시된 자(the manifest)입니다. 그는 스물네 시간 내내 그 현시된 브람만 내에 거주하고 있습니다. 몸이 남아 있든 남아 있지 않든지 간에, 그 현시된 자아-원리는 항상 어디에든지 있습니다.

그런 형식으로 "나는 존재한다."는 지식이 나타납니다. "나는 존재한다."는 지식이 있을 때, 의식이 있을 때, 자아가 있을 때, 인간이라는 미립자는 의미를 띠게 됩니다. 신들에 대한 숭배와 결국 참나에 대한 숭배를 주창했던 그들은 누구입니까? 이 현시된 세상의 근원 그 자체, 이 존재성, '내가 있음'의 이러한 접촉을 이해하고 초월한 그러한 사람들, 그러한 성자들만이 궁극적으로 존재성으로 통하는 신들에 대한 숭배를 대중들에게 주장했습니다.

그대는 "나는 존재한다."는 지식이 바로 모든 신과 모든 베다를 아는 것을 의미함을 계속적으로 기억하고 '반추'해야 합니다. 그것이 오로지 브람만일 뿐입니다. 그대는 계속해서 그것에 대하여 생

각해야만 합니다. 그리고 그러한 기억을 새기는 과정에서 몸이 떨
어져 나가면, 그때 그 의식은 분명히 최고의 상태가 될 것입니다.

4

참나의 행복을 바란다면,
몸-마음의 의식을 없애라

방문객 우리는 항상 어떤 행복을 추구하며 살아갑니다.

마하라지 그대는 행복이 무엇인지 정의를 내릴 수 있습니까? 그대는 정의를 내릴 수 없을 것입니다.

그대는 아내를 가지는 행복, 음식을 먹는 행복을 원합니까?

방문객 저는 참나의 행복을 원합니다.

마하라지 그대가 참나의 행복을 원한다면, 몸-마음이라는 의식을 없애십시오. 이야기거리가 많이 있고, 많은 이야기를 할 수도 있습니다. 그러나 적절하지 않은 것에 대해서는 이야기하지 마십시오. 오직 그 찰나 혹은 '내가 있음'의 접촉에 대해서만 생각하십시오. 그 것을 바로 그대 존재의 핵심으로 삼으십시오. 그러면 그대는 그것 자체가 곧 현시된 브람만이라는 것을 이해할 것입니다.

통역자 만약 당신이 그 책[아마도 《나는 그것이다(I Am That)》를 가리키는 것 같음]을 읽고 어떤 견해를 말하고 싶다면 지금 해도 좋습니다.

마하라지 나는 그대가 자신의 참나 즉 그대의 존재에 대하여 가지고 있는 지식이 무엇인지를 알고 싶습니다. 그대는 바로 지금 여기에 있습니다. 그대가 존재하고 있다는 것은 무엇입니까? 그대가 존재 하고 있다는 것을 아는 것이 곧 말없이 "내가 존재한다."는 그 지 식입니다.

방문객 때로는 설명할 수 없는 행복한 기분이 있습니다. 그 순간에는 아무것도 설명할 수 없습니다. 제가 지금 여기에 앉아 있기 때문에 저는 그것이 마치 지금처럼 일어난다고 말할 수 있으나, 또한 그것이 몸을 통한 경험이라고 말할 수 있습니다.

마하라지 나는 그것을 [알아들을 수 없는 마라띠어 혹은 산스크리뜨 말로] ……라고, 즉 어떤 것보다 가장 앞에 있는 '나─원리'(I-Principle)라 고 부릅니다. 그 다음에 다섯 원소가 그것에서부터 나오고…… 공 간과 나머지 네 개의 원소를 만들어 냅니다. 그래서 그곳에, 즉 그

가장 앞에 있는 그 원리 속에 우리는 안정되게 자리를 잡고 있어야만 합니다.

이제 문제는, '우리가 하향 안정할 것인가, 아니면 상향 안정할 것인가'입니다. 일반적으로는 내가 상향될 것이라고, 즉 나의 위치가 점점 높아져 간다고 말합니다. 그러나 실제로는 그렇지가 않습니다. 우리는 우리의 원래 상태로, 즉 가장 앞에 있는 우리의 상태로 가라앉으면서 정착을 해야 합니다. 그래서 나는 차라리 그것을 보다 하위의 상태라고 부르고 싶습니다. 자신의 토대로 가라앉으면서 참된 근원으로 떨어지기 때문입니다.

그대의 관점에서 볼 때, 지식은 무엇입니까? 지식은 말이나 그 말의 의미에 의해 수집된 것입니다. 말하자면 그것은 마음을 의미합니다. 그러나 그것은 참나 지식이 아닙니다. 참나 지식은 말이나 마음으로 파악될 수 없습니다.

그대가 여기 앉아 있습니다. 즉, "그대는 존재하고 있습니다." 말보다 앞에 있습니다. 이제 소문은 "내가 존재한다."라고 말합니다. "내가 존재한다."는 것은 마음의 흐름이 시작했다는 것을 의미합니다. 이제 그대가 '그대'에 대한 마음을 통하여 그 '내가 있음'으로 어떤 말을 해도, 그대는 그것을 그대 자신으로 나타냈습니다. 그러나 실제는 그렇지가 않습니다.

전통적인 지식은 이러한 마음이나 말을 통해서 바깥으로 수집된 모든 것들로 구성되어 있습니다. 그러나 그것은 참나 지식이 아닙니다. 참나 지식은 그것보다도 앞에 있습니다.

아뜨만을 묶어 두는 어떤 속박이나 족쇄가 어떻게 있을 수 있겠습니까? 족쇄가 되는 것은 바로 우리가 스스로 받아들이고 있는 말의 의미일 뿐입니다. 우리는 참된 지식이 아니라, 우리가 받아들일 수 있거나 우리의 마음에 드는 그런 '참나−지식'만을 원합니다. 그러나 마음에 의해 수용되는 것은 멍에에 불과할 뿐입니다.

아뜨만의 원리는 아뜨만에서 흘러나오는 말의 의미에 전혀 영향을 받지 않습니다. 심지어 언어의 네 가지 양상(빠라, 빠쉬얀띠, 마디야마, 바이까리)마저도 그것을 건드리지 못합니다. 그 원래의 최초 상태를 묘사하려는 말들도 항상 실패합니다. 바로 그 때문에 마음은 정적 속으로 가라앉고, 베다들도 정적 속으로 자리를 잡는 것입니다. 그리고 사용할 말이 전혀 없을 때, 그것은 베다들도 전혀 없다는 것을 의미합니다.

심지어 세속적인 일상생활 속에서도 그대는 그대로부터 어떤 말이 나오든지 간에 그것은 오직 베다들의 언어라는 확신을 키워야 합니다.

방문객 이 말씀은 우리가 우리 내부에 그러한 순수성을 가져야 한다는 의미로군요.

마하라지 우리는 그 정도로 순화되어야 합니다. 베다의 언어가 우리에게서 나오도록 하기 위해서는, 그것은 우리가 순화되었느냐 순화되지 않았느냐의 문제가 아닙니다. 우리는 그 원리를 이해해야만 합니다.

내가 무슨 말을 하더라도, 그대는 말이라는 여과 장치를 거치지 않고 바로 통각해야만 합니다. 왜냐하면, 만약 우리가 말을 받아들이면 무슨 일이 일어납니까? 그 말에 입각하여 우리는 하나의 개념을 만들어 냅니다. 그 다음 그 개념에 입각하여 그것을 우리의 정체로 받아들입니다. 우리가 듣고 있다고 생각하는 말에 입각하여 어떤 개념을 만들고, 그 개념에 입각하여 하나의 이미지를 만들어 내는 것입니다. 그러나 그것은 냐나가 아닙니다. 바로 직접 통각되는 것만이 지식입니다. 우리가 가지고 있는 자본은 "내가 존재한다."는 이 지식입니다. 그러나 우리는 어떻게 했습니까? 우리는 그 지식을 몸에 넘겨 주고, 우리는 "나는 몸이다."라고 말합니다. 그렇게 함으로써 우리는 완전한 상태 즉 무한한 것을 한정적인 것으로, 다시 말해, 조건 지어진 무의미한 몸으로 바꾸고 말았습니다. 그리고 그 때문에 우리는 몸과의 이러한 관계를 포기할 수 없어서 죽음을 두려워하고 있습니다. 어떤 생각이 잊지 못할 만큼 충격적이라면, 그것은 죽음에 대한 생각입니다. 왜냐고요? 우리가 우리 자신을 몸과의 이러한 동일시로부터 분리할 수 없기 때문입니다.

내가 전하려고 노력하는 그 지식은, 비록 그가 마침 영적인 지식에 관심을 갖고 있다 하더라도, 보통 사람에게는 수용될 수 없을 것입니다. 이것은 그가 몸의 관점에서부터, 즉 몸과의 이러한 동일시로부터 어떤 것을 기대하고 있기 때문입니다. 그 상태에서는 하나의 대상으로서 그는 무언가를 얻고 싶어 합니다. 그는 대상으로서의 지식을 얻고 싶어 하지만, 사실 그것은 불가능합니다. 지식은 순전히 주관적이기[4] 때문입니다.

여러분 모두가 내가 말하고 있는 것을 듣지만, 여러분의 정체성에 관하여 말이 표현하려고 하는 것을 받아들이지 않는 것을 보면 얼마나 재미있는 일입니까! 여러분이 귀를 기울이고 있지만, 말 이면에 있는 참된 뜻은 받아들여지고 있지 않습니다. 전달되는 내용에 대한 수용은 전혀 없는 것입니다. 내가 말없이 말하려고 하는 것을 직접 통각하는 사람은 정말 드뭅니다. 천만 명 가운데 한 명 정도나 될까요.

여러분은 모두가 어떤 개념을 마음에 품고 있습니다. 그래서 내가 무슨 말을 하더라도 여러분은 그 개념의 한계 내에서 내 말을 받아들이려고 합니다. 그래서 여러분은 "예, 그것을 제가 받아들일 수 있습니다."라고 말을 하는 것입니다. 여러분은 한 번, 두 번, 아니 여러 번이나 내 말에 귀를 기울였습니다. 그리고 일정 기간이 끝나 가면, 여러분은 "나는 마하라지의 말에서 이득을 본 것이 없다."라고 결론을 내립니다. 왜 그렇습니까? 여러분은 말에 입각하여 여러분 자신에 대한 이미지를 만들어 내려고 하기 때문입니다.

---

4 마하라지는 분명히 '견해의 문제'라는 보통의 의미로 이 용어를 사용하고 있지 않다. 그는 주체와 객체의 관계 너머에 있는 지식을 가리키고 있다. 이때 주체는 객체로서가 아닌 주체로서 그 자신을 알고 있다.

그리고 내가 말하는 것이 무엇이든 그것이 여러분이 갖고 있는 그 개념에 따라 여러분에게 호소를 하면, 여러분은 "그래, 나는 이제 그 지식을 얻었어. 이제 나는 마하라지가 말하고 있는 것을 이해하며, 마하라지의 말이 맞아."라고 말을 합니다. 왜 그렇습니까? 내가 말하는 것이 여러분의 개념에 호소를 하기 때문입니다.

나는 내가 말하는 것이 진리로서 여러분에게 호소를 하고 있고 또 유익한지를 여러분 모두에게서 알고 싶습니다. 되풀이 말하지만, 우리는 그것이 유익하다고 언제 말합니까? 우리가 품고 있는 개념과 그것이 부합할 때입니다. 그때 여러분은 "예, 그것은 유익합니다."라고 말합니다. 그리고 부합하지 않을 때는, "미안합니다만, 그것은 내 마음에 와 닿지 않습니다. 나를 위한 것이 아닙니다."라고 말합니다. 우리는 우리의 본체가 말뿐만 아니라 최초의 기본적인 생각의 시작보다도 앞에 있다는 것을 잊은 채, 말과 의미에 집착하고 있습니다.

방문객 그렇다면 어떤 의사소통도, 말하고 있는 내용에 대한 어떤 이해도 없지 않습니까?

마하라지 나는 그대의 본체가 어떤 말이나 생각보다도 앞에 있다는 것을 말하기 시작했습니다. 그래서 그것은 그 자체로서 확인될 수 없습니다. 그대는 거의 모든 것에 대한 단어나 의미를 가질 수 있지만, 이 스베르(문자적 의미: '존재')에 대해서는 어떤 창조자도 어떤 말도 없습니다. 기타 모든 것에 대해서는 우리가 얻었거나 얻을 수 있지만, 이것과 관련해서는 어떤 획득도 있을 수 없습니다. 그대가 바로 그것(That)이기 때문입니다. 다수의 이들 자삐-따삐들이나, 심지어 그들 자신을 냐니라고 생각하는 사람들마저도 여전히 어떤 말에 입각한 개념에 말려들고 있습니다.

마음이나 말이 만들어 낸 어떠한 목적도 그대에게 참된 의미를 가질 수 없습니다. 그것은 오직 개념에 불과하기 때문입니다. 그대의 참된 본성은 색깔이나 어떤 디자인도 가질 수 없는 그러한 것입니다.

방문객 저는 《나는 그것이다》라는 책에 실린 질의와 답변을 읽었습니다. 저는 마하라지께서 비록 몸을 가지고 계시지만 오직 최고의 수준에서 항상 질문에 대한 답을 하고 계시는데, 그것이 어떻게 해서 최대의 행복으로 저를 채워 주는지 알기 어려웠습니다. 그것은 신체적인 행복인지도 모르겠습니다. 저는 그것에 대하여 어떤 것도 말하고 싶지 않습니다. 그러나 저희 두 사람, 제 아들과 저는 몇 가지 답변을 읽어 가는 동안 지고의 기쁜 순간을, 말하자면, 마음에 드시는 표현일지 몰라도 '지고의 체험'을 맛보았습니다.

마하라지 나는 가장 앞에 있는 그 절대적인 원리에 안정되게 자리를 잡고 있기 때문에, 모든 이야기는 오직 그 수준에서만 흘러나올 것입니다. 그대가 다섯 원소로 된 몸이나 의식의 상태에서 말을 하면, 그때마다 그것은 세속적인 삶과 관련된 이야기일 것입니다. 그러나 내가 말하는 이것은 완전히 최상의 것과 관련된 지식입니다.

5

죽은 시체와 동일시하지 말고, 행복하라!

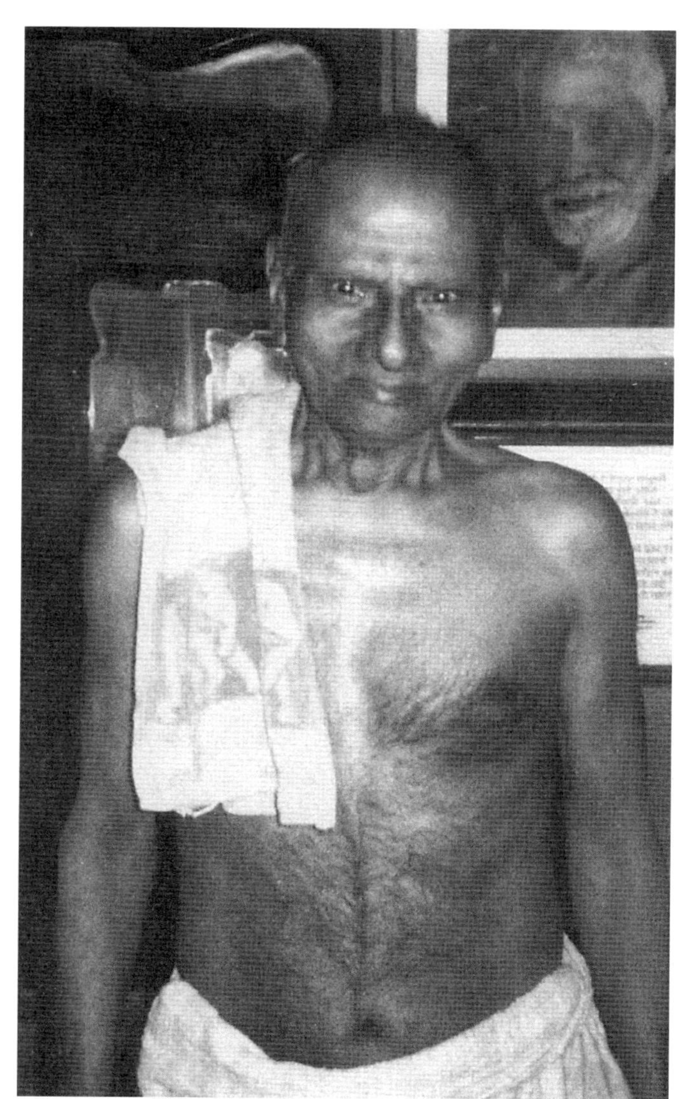

방문객 마하라지의 면전에 앉아 있는 동안, 어떤 신체적인 경험을 했습니다. 이것을 어떻게 이해해야 되겠습니까?

마하라지 경험을 이해하려고 할 때, 그대의 말이나 개념이 그것에 어떤 의미를 부여하더라도 그것은 그대가 받아들일 수 있을 것입니다. 그러나 그것은 지식이 아닙니다.

바로 그 때문에 나는 사람들에게 기간을 연장하여 더 머물도록 부탁하고 싶은 마음이 없는 것입니다. 왜냐하면 그대가 그토록 오랫동안 실제로 머문다 해도, 그대는 이해할 수 없을 것이기 때문입니다. 그대가 와서 처음 8일 내지 10일이 지나는 사이에 다소 이해되는 것이 있으면, 그것부터 우선 바르게 이해해야만 할 것입니다.

그때까지는 더 이상 이야기를 해도 이해가 되지 않을 것입니다. 어떤 사람이 지식이 있다고 생각하면, 그 다음 일어나는 일은 이렇습니다. 그는 이곳을 떠난 뒤에 혼자 오랫동안 가만히 있을 수 없을 것입니다. 그는 영성에 대한 좋은 소식을 전할 수 있는 일단의 사람들을 갈구합니다. 그는 영성에 대해 이야기하며 논의할 수 있는 누군가를 찾고 싶어 합니다. 그렇지 않으면 그는 매우 불행하다고 느낍니다. 만약 그대가 다른 사다까를 만나지 못한다 하더라도 행복과 만족을 느낄까요?

(통역자가) 질문하기를, 진지한 구도자라면 자기가 가지고 있는 지식이 무엇이든 간에 그것을 나누고 타인들과 공유할 수 있는 이런 활동의 무대를 거치는 것이 불필요한지를 물었습니다. 나의 대답은, 이것이 과정의 일부분이지만, 또한 그것은 중단되어야 한다는 것입니다. 영성에 대한 견해를 논의하고 교환하는 이러한 욕망은 끝나야 합니다.

그 최고의 상태는 태어나지 않은 상태로, 거기에서는 어떠한 경험도 없습니다. [통역자에 따르면, 마하라지의 건강이 오늘 좋지 않다. 그분은 매우 허약하며 거의 멍한 상태에 있다.]

이 병이, 즉 현재의 나의 건강 상태가 있기 전에, 나는 이미 있었습니다. 이 병은 일시적인 단계로서 나타났습니다. 그러나 나는 그것보다 더 앞에 존재하고 있습니다. 사람들은 보통 병이 찾아오면 죽을 것이라고 생각합니다. 그러나 나는 죽지 않을 것입니다. 나에게는 죽음이 없습니다. 그 죽음을 받아들이는 것은 바로 병입니다.

만약 병든 사람이 이러한 원리를 기억한다면, 다시 말해, 병이 일어나기 전에 그가 이미 있었고, 그의 참된 본성은 그 병보다 늘 앞서 있다는 것을 기억한다면, 그가 정말로 이것을 깨닫는다면, 그러면 그 병의 영향력도 더 약해질 것입니다. 반면에 소위 '총명한' 사람들이 아프면, 그들은 자신들이 죽을 것이라고 상상함으로써 그들의 죽음을 앞당길 것입니다.

그대가 '꿈'이라는 단어를 사용할 때 그대는 무엇을 이해합니까? 그대는 꿈을 어떻게 이해합니까? 꿈은 드라마나 연극 같은 것이 아닙니까? 의식의 관점에서 보면, 온갖 종류의 연극이 일어납니다. 꿈도 이들 가운데 하나입니다. 그리고 결국 꿈은 점차 의식 속으로 융합됩니다.

이러한 의식은 그의 존재를 가리키는 표시이며 의식이 사실상 의식적 존재라는 것을 깨달은 사람에게는 내가 의식하고 있다고 할 때 그것은 내가 존재한다는 것을 의디하며, 모든 어리둥절함이 끝났다는 것을 의미합니다. 따라서 그 존재 그 자체 내에서는 무언가를 보는, 존재하는 개인이 전혀 없습니다. 비개성적인 존재 속에서는 보는 자도 없으며, 보이는 대상도 없습니다. 거듭 되풀이 말하지만, 비개성적 존재라 함은 어떤 개인을 가리키는 것이 아니라, 존재 그 자체를 가리키는 것에 불과합니다. 그것은 자신의 존재에 대한 확신과 보증을 의미합니다. 내가 의식을 가지고 있다면, 그것은 내가 존재하고 있다는 것을 확신하고 있다는 것을 의미합니다.

지금까지 여기서 말한 내용을 이해한 사람에게 꿈이란 깨어 있는 상태에서 본 것과 전혀 다르지 않습니다. 왜냐하면 둘 다가 의식 속에서 일어나는 연극이기 때문입니다. 의식의 빛 때문에 우리는 하나를 깨어 있는 상태라고 부르고, 다른 하나를 꿈이라고 부릅니다. 그러나 본질적으로 둘 다는 의식 속에서 일어나는 사건들이며, 그것들은 본질적으로 서로 다르지 않습니다.

이 비개성적인 존재 그 자체 내에서, 존재하는 유일한 것은 어떠한 형태나 모양도 없는 의식의 빛입니다. 보이는 모든 것은 그 빛으로 보이는 것입니다. 많은 사람들은 그들이 연극에서 연기를 하고 있다고 여깁니다. 그러나 이것은 잘못된 생각입니다. 실제로 일어나는 것은 오직 의식의 빛이 다양한 것들의 일어남을 보여 줄 뿐입니다.

방문객 배우는 연극의 일부분이 아닙니까?

마하라지 왜 무언가가 우리에게 사실이나 현실로 보입니까? 우리가 매일 혹은 자주 보는 어떤 것이 진짜이며 실제라는 느낌을 주기 때문입니다. 그러므로 우리는 그것을 꿈 속에서 나타나는 어떤 것보다 더 실제적이며 더 진짜인 것으로 받아들입니다. 그러나 본질적으로 그들은 동일한 것입니다.

냐니는 어떨까요? 냐니는 불꽃이 없는 담배 라이터와 같습니다. 라이터불이 켜지면, 의식이 들어옵니다. 그리고 일어나는 모든 것은 그 의식의 빛을 통해 보입니다. 그러나 의식의 빛이 있든 없든

간에, 냐니는 항상 거기에 있습니다. 깊은 잠 속에서, 우리는 불이 켜지지 않은 라이터의 상태와 같습니다. 빛이 전혀 없습니다. 그러므로 아무것도 일어나지 않습니다. 그러나 심지어 그 상태에서도 빛은 나타날 수 있습니다. 그 순간부터 그 약한 의식이 일어나고, 꿈이 나타나고, 우리는 그 꿈 속에서 그 꿈의 일부분처럼 행동하는 것처럼 보입니다.

거듭 말하지만, 나는 어떤 개인에게 일어나는 것에 대하여 이야기하고 있지 않습니다. 오직 전체적인 현시에 대하여, 그리고 그 현시가 어떻게 일어나는지에 대하여 이야기하고 있습니다. 비개성적인 의식 때문에 비개성적인 존재가 있습니다. 그러나 어려움이 발생합니다. 몸과 생명의 호흡과 의식을 구성하고 있는 복합체는 어떠한 모양이나 형태를 지니고 있지 않지만, 우리는 이 세 가지 모두를 몸과 동일시하기 때문입니다. 그래서 우리는 불행해집니다. 그러나 일단 우리가 그것의 토대를 깨닫게 되면, 즉 전체적인 현시는 오로지 참존재, 비개성적인 존재인 그 비개성적인 의식으로 존재하고 있다는 것을 깨닫게 되면, 더 이상의 어떤 어려움도 없습니다. 반면에, 남성이나 여성의 몸을 갖고 있다는 이러한 부담이 비개성적으로 존재하고 있는 것에서 제거되지 않는 한, 고통은 계속될 것이고 불행도 지속될 것입니다.

몸과 생명의 호흡과 앎으로 구성된 이 복합체는 "내가 존재한다."는 지식이 없기 때문에 그 자신을 "내가 존재한다."는 것으로 알지 못합니다. 생명력도 우리의 참나입니다. 그것은 형태가 없습니다. 마찬가지로 앎도 형태가 없습니다. 이제 이 생명력은 음식의 정수인 몸에 의존하여 그 자체를 유지시킵니다. 그리고 생명력이 마나스에 의존해 있을 때, 그것은 마음입니다. 그래서 그것도 마음에 매달려 살아갑니다. 이 생명력은 모든 활동의 행위자입니다. 그리고 "내가 존재한다."는 이 앎은 단순한 목격자에 불과하지만, 이 전체적인 복합체는 반드시 이용할 수 있어야만 합니다. 거듭 말하지만, 그 생명력은 그 자체를 알지 못합니다. 그것은 "내가 존재한다."는 앎의 부재로 인하여 활동을 시작하지 않습니다. 그리고 그 지식은 오직 유지되는 몸이 있을 때만 이용될 수 있습니다. 이제 그대가 이 생명력과 "내가 존재한다."는 지식이 남자이거나 여자라는 부담을 신체와의 관련 때문에 제거하지 않는 한, 그대는 고통을 당할 수밖에 없습니다.

아마도 내가 든 예들이 다소 저속할지 몰라도, 나의 의도는 단지 더 강한 충격을 일으키는 것이었습니다.

냐니가 몸을 버리면 그는 어떤 느낌을 가지겠습니까? 어떤 종류의 기쁨이나 지복을 체험하겠습니까? 방금 결혼한 부부를 상상해 보십시오. 그들이 첫날밤에서 얻는 기쁨은 냐니가 자기 몸이나 생명력을 버릴 때 얻는 최상의 지복과 비교하면 아무것도 아닙니다. 나는 그것을 '최고의 날'(보통 영적인 말로 사용되는 용어)에 최고의 축제에서 볼 수 있는 최상의 지복이라고 부릅니다. 결혼 첫날밤의 사랑의 유희와 비교할 때, 두 부부가 합체를 통하여 어떤 기쁨을 실현하든지, 냐니가 생명의 호흡과 앎과의 분리를 통하여 얻는 행복은 수천 배나 더 크다고 하겠습니다. 그들(부부)은 한 몸으로 합쳐 지지만, 그는 분리되고 있지 않습니까!

이 담배 라이터의 예를 봅시다. 라이터는 니르구나라자스(nirgunarajas), 다시 말해 '열의 상태'와 같은 것입니다. 이제 라이터 위에, 그리고 라이터 때문에 불꽃이 나타납니다. 그 불꽃 속에 "나는 존재한다."는 지식이 있고, 마음이 있고, 생명력이 있습니다. 생명력이 모든 활동을 수행합니다. 마음은 의사소통을 하고, "내가 존재한다."는 지식은 단순히 목격자에 불과합니다. 이것이 실제로 일어나는 상황입니다.

어떤 이야기가 나오기 위해서는 불꽃이 있어야 합니다. 즉, '내가 있음'과 생명의 호흡과 마음이 반드시 존재해야 합니다. 그래야만 이야기가 나올 수 있습니다. 나의 상태는 니르구나라자스입니다. 나는 그 라이터와 같습니다. 불꽃은 거기에 있을 수도 있고 없을 수도 있습니다. 나는 니르구나와 니르라자스입니다. 나에게는 어떤 속성도 없습니다. 나의 상태에서는 그 존재성도 없습니다. 마찬가지로, 나에게는 어떠한 라자스도 필요하지 않습니다. 그 말은 내가 어떠한 오락의 활동도 원하지 않는다는 것을 뜻합니다. 나의 참된 상태에서는 아무것도 존재하지 않습니다.

앎이나 '내가 있음'의 상태가 있고, 또한 생명의 호흡과 마음도 존재해 있을 때, 이것은 라이터의 니르라자스 상태와 비교하면 라자스 상태이기 때문에 어떤 직업이나 오락이 필수적입니다. 이것은 우리 모두에게서 관찰할 수 있습니다. 우리는 결코 할 일 없이 그냥 가만히 있을 수 없습니다. 우리는 항상 이런 저런 일에 몰두해야 합니다. 생명의 호흡이 몸을 떠날 때, '내가 있음'도 또한 사라집니다. 남아 있는 것은 오직 니르라자스-니르구나 상태뿐입니다.

나는 전자를 불꽃 상태 즉 '내가 있음'이라고 부릅니다. 앞서 나는 그것이 사구나브람만 상태라고 말한 바 있습니다. 즉, 몸이 있고, 생명의 호흡도 있으며, 마음도 있습니다. 그리고 그 앎이나 '내가 있음'도 있습니다. 그 모든 것이 마야에 의해 환대받고 있습니다. 이러한 존재성이나 마야가 없는 상태가 바로 니르구나-니르라자스 상태, 즉 (마야보다 앞에 있는) 마야띠따 곧 절대적 상태입니다.

백 년 전에 그대는 어떤 존재였습니까? 그때에 그대는 "내가 존재한다."는 앎을 갖지 못했습니다. 그대가 존재한다는 기억이 없었습니다. 현재, 일시적인 단계에서 그대는 "내가 존재한다."는 지식을 가지고 있습니다. 그러나 이러한 지식을 가지기 위하여 그 선행조건은 무엇입니까? 본질이 필요합니다. 사뜨바-구나 말입니다. 이것은 '내가 있음'이나 존재성을 유지시키기 위하여 음식 정수의 가장 순수한 형체가 필요하다는 뜻입니다. 그리고 그 정수는 다시 음식으로 된 몸에 의존하고 있습니다. 그러나 이 모든 것을 합친 것, 즉 음식으로 된 몸의 가장 순수한 형체와 "내가 존재한다."는 지식과 생명의 호흡과 마음, 이 모두가 일시적인 단계에 불과한 것입니다. 음식의 정수가 유용할 수 있는 한, 앎은 지속될 것입니다.

이제 이 모든 것들로부터 벗어나려면 어떻게 해야겠습니까? 이 앎이 그 자체를 발견해야 합니다. 그것이 그 자체를 깨달아야 합니다. 그 다음 그 깨달음의 과정에서 그것은 이 상태를 떠나 절대적인 상태, 곧 앎이 없는 상태에 거주할 수 있습니다. 그래서 우리는 우선 우리 자신 속에, 즉 앎의 상태에 거주해야만 합니다.

명상을 위해 앉아 있을 때마다 그대는 자신이 남자 혹은 여자라는 형상의 개념에 집착하고 있습니다. 이러한 개념들을 버리십시오! 이러한 명상을 하는 것은 거의 불가능합니다. 오직 진귀한 자만이 몸-마음과의 그러한 동일시 없이 그런 명상을 할 것입니다.

방문객 저는 마하라지님의 본체에 대하여, 마하라지님의 상태를 일견했습니다. 다시 말해, 지적으로 일견했습니다. 그러나 일상생활 속에서 저는 너무 많은 스트레스를 받고 있습니다. 아내는 이런 식으로 생각하는가 하면, 다른 누군가는 저런 식으로 생각합니다. 그래서 저는 항상 긴장 속에 있습니다. 어떻게 하면 이것을 없앨 수 있겠습니까?

마하라지 간단한 것을 말씀 드리겠습니다. 그대가 이 시체라는 생각을 없애십시오. 몸은 항상 죽어 있습니다. 몸은 자력으로 움직이지 못합니다. 그것은 오직 그대가 가지고 있는 '내가 있음'에 의해서만 살아 있습니다. 그대는 몸이 아닙니다. 확고하게 이 개념을 붙들고 계십시오. 그 다음 어떤 일이 일어나더라도 그것은 그대의 것이 아닙니다.

누군가가 질문하고 싶어 못 견디고 있군요. [웃음]

방문객 그 상태와 저의 현재 상태 사이에는 아주 큰 간격이 있습니다. 상당한 시간적 격차가 있습니다. 저는 사다나를 해야 하고, 저 자신과 그 모든 것을 정화시켜야 합니다. 어떻게 하면 분주한 생활 속에서 이 모든 종교적 의무와 세속적 의무를 성공적으로 해 낼 수 있겠습니까?

마하라지 자연 요법에 의지하십시오. 그렇게 함으로써 그대는 그대 자신에게 이득이 되게 할 뿐만 아니라, 사회에도 이득이 되게 합니다. 모든 사회사업을 하십시오. 그러면 그대는 많은 공덕을 얻을 것입니다.

나로 말할 것 같으면, 나는 이러한 깨어 있는 상태와 수면 상태 전체에 질려 버렸습니다. 이 두 상태가 없을 때 나는 더할 나위 없는 평온한 상태에 있었습니다. 그대는 깊은 수면과 깨어 있는 상태가 없을 때 '슬픔'과 '불행'이란 단어를 들어 본 적이 있습니까? "내가 존재한다."는 지식은 다섯 원소의 상태 안에서 일어나는 상호 작용의 결과입니다. 그대는 그것이 아닙니다! 그대는 절대자이지, "내가 존재한다."는 지식이 아닙니다.

방문객 대부분의 우리들은 만족하지 못하고 있습니다. 우리는 삶에 신물이 났습니다. 어떤 충동이 있습니다만, 이 일상적인 힘든 일로부터 물러설 만큼 충분히 강하지도 않습니다.

마하라지 그대가 어떻게 하면 이 문제를 해결할 수 있겠습니까? 그대는 자신이 몸이고, 자신이 마음이고, 자신이 이 사뜨바-구나라는 사실에 분개해야 합니다. "나는 몸이 아니다."라는 관점을 지녀야 합니다.

그것은 매우 간단합니다. 몸과 몸 안에…… 그것은 동전과 같습니다. 한 면에는 모든 활동을 가능케 하는 생명의 호흡이 있고, 다른 한 면에는 "내가 존재한다."는 지식이 있습니다. 생명의 호흡이 있을 때만 "내가 존재한다."는 지식도 존재합니다. 생명의 호흡이 몸을 떠나면 "내가 존재한다."는 지식도 사라집니다. 그리고 이 둘은 음식의 정수로 된 몸의 소산입니다. 나는 그것이 아닙니다. 나는 이러한 복합체 전체가 아닙니다. 이것을 깨달아야만 합니다.

그대의 조상은 누구입니까? 그들은 음식의 분자들입니다. 그 음식의 정수 말입니다. 그러한 음식의 정수가 그대의 진짜 조상입니다. 지상에는 생장하는 생장물이 있습니다. 나는 그것을 바나스빠띠라고 부릅니다. 그 바나스빠띠의 가장 순수한 형체가 바로 음식의 정수입니다. 거기에서부터 바차스빠띠가 성장합니다. 후자(바차스빠띠)는 곤충, 벌레, 벌, 포유류 등 모든 종류의 동물을 의미합니다. 그들은 이러한 바나스빠띠의 정수를 먹고 생존합니다. 이제 그 바나스빠띠 주스 속에, 즉 그 가장 순수한 형체의 식물 주스 속에 과립이라는 분자도 있는데, 거기에는 사뜨바-구나, 라자스-구나, 따마스-구나가 들어 있습니다. 가장 순수한 형체인 분자 속에는 세 가지 모든 특성이 다 들어 있습니다. 사뜨바-구나는 단순한 목격자, 존재성, '내가 있음'의 접촉입니다. 라자스-구나는 활동입니다. 이 구나가 있어서 그대는 활동을 하게 됩니다. 그리고 따마스-구나는 그 활동에 대한 원작자의 권리나 공로의 인정을 나타냅니다.

우리가 경전에서 읽을 수 있는 내용과는 달리, 그대의 조상은 이러한 밀과 쌀의 낱알 속에 있으며, 그런 것의 정수 속에 우리의 조상이 있습니다. 그 안에 우리 세계의 참된 정수가 들어 있습니다.

6

공의 경험

방문객 아직 기쁨의 상태, 깨달음의 상태를 얻지 못했는데도 제가 돌아가야 한다는 말을 마하라지로부터 거듭 들을 때면 슬픈 감정이 일어납니다.

마하라지 그것은 바로 그 불꽃과 같습니다. 그대는 자신이 그 불꽃이 아니라는 것을 이해할 때 이러한 고통의 순환을 떠날 수 있습니다. 그대는 이러한 복합체가 아닙니다. 자신에게 이름과 형상이 있다는 생각을 품고 있는 한, 그대는 그대 자신의 개념에 반드시 말려들 것입니다.

방문객 왜 불꽃이 일어납니까?

마하라지 그것은 그 자체의 본성입니다.

방문객 저의 본성이 라이터에 있다면, 왜 불꽃이 나타납니까?

마하라지 이것은 적절한 질문이 아닙니다. 왜 비가 내립니까? 태양은 왜 빛납니까? 이 세상의 경험에는 어떤 원인도 없습니다. 그대 자신의 경험에는 어떤 원인도 없습니다. 그러나 그대는 부모가 그대 존재의 원인이라고 생각합니다. 부모를 존경하기 때문에 그대는 그분들이 그대 존재의 원인이라고 받아들이고 있습니다. 사실 그렇지는 않고, 그대는 자연스럽게 존재하게 되었습니다.

방문객 과학과 기술이 저희에게 제공한 모든 지식은 왜 비가 내릴까, 왜 그것이 움직일까와 같은 의문과 모든 것에 대한 원인들을 캐묻는 탐구 때문입니다. 마하라지께서는 저희가 이 모든 과학과 기술을 버리고 세상에서 물러나 저희 내면의 존재에 거주하기를 바랍니까? 그것도 한 가지 방법이지만, 어떻게 균형잡히게 살 수 있겠습니까? 결국 저희는 일을 하면서 살아야 합니다.

마하라지 과학이 최후에는 서로 다른 종류의 주스들을 결합하여 인간을 창조할지 모르지만, 그것이 전체적인 복지와 평화에는 기여하지 못할 것입니다. 평화는 산산이 깨어질 것입니다! 해결책은 한 가지밖에 없는데, 그것은 그대가 왜 존재하는지를 알아내는 것입니다.

"내가 존재한다."라는 그대 존재의 원인은 무엇입니까?

실제로 그대에게는 지금 그대가 존재하고 있다거나 과거에 존재했다는 지식이 전혀 없었습니다. 그러나 이 순간에 그대는 그대가 존재하고 있다는 것을 알고 있습니다. 그 이유는 무엇입니까? 그 원인을 이해하십시오. 그대만이 왜 그대가 존재하는지를 압니다. 그대가 존재한다는 그것이 그대에게 왜 주어졌는지를 그대만이 압니다. 그것에 대하여 다른 어떤 누구에게도 묻지 마십시오. 완전히 혼자 힘으로 탐구하십시오. 다른 사람들에 대하여 걱정하지 마십시오. 오직 그대 자신의 자아에 대해 걱정하십시오. "내가 존재한다."는 그 지식은 무엇의 소산입니까? 무엇 때문에 존재합니까? 어떻게 그리고 왜 존재합니까? 오직 이 문제만을 탐구하십시오.

아홉 달 전에는 아이가 없었습니다. 바로 3일 전에 아이가 태어났습니다. 그 아이가 지금 울고 있습니다. 아이의 울음은 무엇입니까? 이 아이의 정체는 무엇입니까? 어떻게 해서 그가 지금 존재합니까? 아이가 울고 있는데, 무엇 때문입니까? 무엇의 결과입니까?

세상은 현시적이고 광대합니다. 거기에서 길을 잃지 마십시오. 단지 왜 그대가 존재하는지, 어떻게 그대가 존재하는지, 어떻게 해서 이 세상에 태어났는지를 탐구하십시오. 그대는 그 이전에는 없었습니다. 현재 그대는 존재하고 있습니다. "그대가 존재하지 않는다."는 상태에서부터 어떻게 이러한 합류(confluence)가 발생했습니까?

방문객 너무도 많은 서로 다른 조언들이 있습니다. 그래서 다른 나라들을 찾아 방문하고, 이것도 하고, 저것도 하고, 사회사업도 하고, 다른 사람들과 사귀는 등 여러 가지를 합니다. 또한 경전과 라마나 마하리쉬, 끄리슈나무르띠 등을 읽고 난 뒤에 세상을 등지는 일도 있습니다. 그래서 마음은 의심하고 있습니다. 이러한 물러나기를 위해서는 구루의 도움이 필요합니다. 베다에서 말한 대로 이러한 구루는 미리 정해져 있습니까?

아시다시피, 저는 많은 구루들을 친견했습니다. 끄리슈나무르띠, 마하라지, 라마나 마하리쉬를 만나 보고 왔으며, 다양한 책과 서로 다른 가르침들을 읽었습니다. 라즈니쉬는 현대적인 방식을 주는 것 같고, 과학과 기술도 주는 것 같습니다…… 마하라지는 오직 한 가지 차원만 줍니다. 그는 이렇게 말합니다. 물러나라. 욕망을 없애고 행동하라. 누가 최고의 구루인지를 어떻게 판단해야 합니까? [웃음]

마하라지 그대에게 한 가지 간단한 것을 말씀 드리겠습니다. 어떤 구루에게서도 한 가지 말을 받아들이십시오. 그것을 충분히 흡수하고, 그대 자신을 믿으십시오. 그대 자신의 자아를 구루로 생각하고 받아들이십시오.

그 밖의 누구도 그 자체로 받아들이지 마십시오. 이러한 영적인 계율의 최종적인 선행 조건은 자신감, 즉 그대 자신의 자아에 대한 확고한 신념입니다. 그대 자신의 자아에 대한 믿음이 없으면, 그대에겐 희망이 없습니다. 그대는 추방당한 사람입니다. 그대의 자아 그 자체가 구루입니다. 이제 이해가 됩니까? 구루가 브람만입니다. 구루가 지식이고, 구루가 브리하스빠띠이며, 그 모든 것의 합계가 그대 자신의 자아입니다.

❧

방문객 저는 신의 은총과 자유의지에 대해 묻고 싶습니다.

마하라지 그대가 살아 있다는, 즉 그대가 존재하고 있다는 분명한 사실, 그 자체가 신의 은총입니다. 그리고 그대를 통하여 일어나는 모든 행동이 은총의 표현입니다.

이러한 상황에서 만일 어떤 나쁜 일이 일어난다면, 단지 신의 은총 때문에 "그대가 존재한다."는 것을 기억하십시오. 신의 은총이 없다면, '내가 있음'이란 그것도 없을 것입니다. 그래서 "내가 존재한다."는 그 자체가 신의 은총이라는 것을 기억하십시오.

방문객 [자빠(신의 이름 암송)를 하는 데 대한 알아들을 수 없는 질문.]

마하라지 자빠를 행하는 의미 전체는 그대의 믿음에 있습니다. 우선 믿음을 가지지 않으면 안 됩니다. 그대의 자아의 정체성은 자빠를 통한 그러한 믿음에 의해 육성됩니다. 어떠한 것이라도 기계적으로 하지 마십시오. 그렇게 하면 자빠의 암송에는 영혼이 전혀 없기 때문입니다. 그대가 영혼을 다 바쳐 정성어린 마음으로 암송하지 않으면, 그것을 해도 전혀 의미가 없습니다. 디야나-요가 명상을 많이 하십시오. 명상 수행을 점점 더 많이 하십시오.

❧

마하라지 새로 오신 분들을 위하여 자리를 마련해 주고 싶습니다. 그들에게는 8일만 허락하겠습니다. 그 정도면 모두에게 충분할 것입니다. 어떤 사람들에게는 머무르라고 요청을 합니다. 그 이유는 설명할 수 없지만…… 그리고 어떤 사람들은 비록 그들이 머물고 싶다 하더라도, 나는 그들을 보냅니다. 다양한 종류의 구도자들이 있습니다. 어떤 이들은 오로지 지식을 찾으러 오는데, 그들은 그 지식을 전하는 사람에게는 관심이 없습니다. 그들은 일단 지식을 얻으면 가 버립니다. 어떤 사람들은 지식을 원하지만 그들에게 우선 중요한 사항은 구루의 숭배입니다. 구루에 대한 헌신이 먼저이고, 지식을 얻는 것은 오직 부차적입니다.

구도의 단계에서 오로지 신의 이름을 위해서만 신에게 헌신이나 숭배를 했지만, 그들의 강렬한 헌신 때문에 목적에 도달한 몇몇 위대한 성자들이 있습니다. 자신의 구루에게 헌신을 하고 있는 자, 그러한 사람에게는 심지어 신도 헌신을 받고 있습니다.

통역자 마하라지의 병환 때문에 다방면의 전문가들이 조언을 주기 위하여 여기에 왔습니다. 오늘은 어떤 사람이 열 개의 손가락과 열 개의 발가락을 만져 봄으로써 병을 진단하고 치료를 제안해 줄 수 있는 치료사를 안다고 그분에게 말해 주었습니다. 그래서 그는 마하라지께 다가가서, 그러한 사람을 초빙하는 데 관심이 있는지를 물었습니다. 그러나 마하라지께서는 관심이 없다고 하시며 이렇게 말씀하셨습니다. "나는 아침마다 일어나고 밥을 먹고 다시 잠을 자는 이 모든 일상적인 의식에 전혀 관심이 없습니다…… 나는 그 모든 것을 지긋지긋하게 했습니다. 나는 이 세상에서 어떤 것도 기대하지 않습니다. 나는 어떠한 것도 성취하고 이루고 소유하지 않을 것입니다. 왜냐하면 이 세상을 만들어 내는 바로 그 의식 자체에 신물이 나서, 이 의식을 없애 버리고 싶기 때문입니다."

마하라지 사람들은 이곳을 방문하고 있습니다. 나는 존경심을 가지고 그들을 대우합니다. 그리고 그들의 모든 질문에 대해 답변을 해 드립니다. 그러나 이 말은 내가 그들이 매일 여기에 오기를 기대하고 있다는 것을 의미하지 않습니다. 비록 그들이 여기에 올지라도, 그것은 내가 그들과의 교제를 구하고 있다는 것을 의미하지 않습니다. 나는 혼자 있고 싶습니다.

　어떠한 자연스러운 경험을 만나더라도, 단지 그것들이 일어나는 대로 받아들이십시오. 그냥 그것들과 함께 존재하십시오. 어떠한 것을 바꾸려고 노력하지 마십시오. 오늘이 어떠한 날이더라도, 그것은 과거에는 결코 존재하지 않았습니다. 그리고 오늘이 어떤 날이라도 그것은 결코 미래에 존재하지 않을 것입니다.

의식이나 마야(maya)의 이러한 완전한 게임을 알았기 때문에 위대한 성자 냐네쉬와르는 사마디에 들기 전에 고별의 기도를 올렸습니다. 그는 신에게 기도하면서 이렇게 말했습니다. "모든 사람들의 욕망이 이루어지게 해 주소서. 어떠한 종류의 욕망이라도 말입니다! 그리고 악한 사람들은 벌을 받게 해 주시고, 사람들의 마음속에 착한 의도가 자라게 해 주소서." 그러한 기도에도 불구하고, 그러한 악한 일과 선한 일의 합계에는 전혀 변화가 없었습니다. 결국, 이 모든 연극, 즉 이 모든 악한 일과 선한 일의 합계는 환상에 불과할 뿐입니다. 그래서 이 세상에 책임을 질 사람은 아무도 없습니다! 그것은 자연스럽게 일어났으며, 궁극적으로 그것은 환상입니다. 그래서 그것을 교정하거나 막아야 할 문제는 전혀 없습니다. 그것은 그 나름대로 계속 나아갈 것입니다.

지금까지 너무도 많은 성자들과 자삐—빠띠 수행자들(자빠와 따빠(고행)를 수행하는 구도자들), 그리고 다양한 종단의 영적인 구도자들이 있었습니다. 그들은 왔다가 다 사라졌습니다. 그러나 나는 그들의 말이나 행동에 대하여 전혀 이의를 제기하지 않습니다. 그들에 대하여 할 말도 없습니다. 이 세상은 어떠한 원인도 없이 자연스럽게 존재한다는 결론에 이르렀습니다. 이 세상의 창조에는 씨앗이 없었지만, 이 세상에는 나에게 씨앗들로 가득 차 있습니다. 생식과 재창조는 언제나 늘 계속되고 있습니다.

방문객 마하라지께서는 냐니이기 때문에, 이 세상 전체가 매우 보잘것 없고 저속한 것이라고 무시하는 것이 아닙니까?

마하라지 그 문제는 일어나지 않습니다. 나의 관점에서 보면 세상이 없기 때문입니다. 그대는 나에게 세상이 어디에 있고, 세상이 무엇이냐고 말하고 있지요? 그대는 손가락을 가리켜 "이것이 세상이다."라고 말할 수 있습니까? 세상은 없습니다. 그것은 단순한 외양에 불과합니다.

방문객 지식을 얻은 뒤 마하라지께서는 다양한 종류의 사람들과 어떻게 교제하실 수 있었습니까? 매우 나쁜 사람들이 있는가 하면, 자신의 마음에 사로잡혀 있는 사람도 있고, 또 착한 사람도 있습니다. 이러한 모든 사람들과 어떻게 지내실 수 있었습니까?

마하라지 누가 지낸다는 겁니까? 나에게는 태도도, 자세도, 나 자신의 고정된 형태도 전혀 없습니다. 나에게 그런 것이 있었다면, 누구에게라도 말을 하는 것이 어려웠을 것입니다. 나에게는 어떤 형태도 없기 때문에, 공(nothingness)에 의하여 나는 가장 미묘한 존재가 되어 버렸습니다. 그래서 나는 어떤 것에도, 어떤 상황에도 적응할 수 있습니다.

어떤 사람이 부자라면, 그는 많은 장식과 값비싼 옷을 입고 있을 것입니다. 그가 집을 나설 때면 항상 위험이 도사리고 있습니다. 이것은 그가 너무도 많은 관념과 개념을 가지고 있다는 사실 때문이며, 그가 대단한 인물이며 부자라는 평판 때문입니다. 그는 거리로 들어가는 것을 두려워하고 있습니다. 거리로 들어가는 발가벗은 거지는 잃을 것이 아무것도 없습니다. 마찬가지로, 나도 모든 것을 잃어버렸기 때문에 더 이상 잃을 것이 없습니다. 나는 어떠한 상황도 만날 수 있고, 어떠한 것에도 적응할 수 있습니다.

그대에게 이름과 형상이 있는 한, 이 모든 문제들이 존재할 것입니다. 이름과 형상이 없으면, 그런 문제는 전혀 없습니다. 예컨대, 나에게 농장 등이 딸린 토지와 재산이 있다고 합시다. 비가 내릴 때가 되면, 나는 땅을 경작할 수 있겠는가, 뿌릴 씨앗은 충분한가 등과 같은 걱정들이 늘 있습니다. 이러한 모든 걱정들이 존재합니다. 농장을 잃고 나면, 나는 이러한 걱정과 무시될 수 있는 모든 것에서 해방됩니다.

그대가 그대의 이름과 형상에 집착해 있는 한, 그대에게는 반드시 걱정거리가 있습니다. 영적인 수행을 하는 과정에서 그대는 점차 그대의 형상을 잃게 됩니다. 그리고 형상이 떨어져 나갈 때, 이름도 떨어져 나갑니다. 언제나 너무도 많은 고객들이 있습니다. 모두가 지식의 이름을 빌어, 심지어 영적인 지식의 이름을 빌어 무언가를 얻고 소유하기 위하여 진력을 다하고 있습니다. 그러나 참된 참나 지식을 사려는 고객은 아무도 없습니다.

나는 그대에게 사람의 일반적인 경향에 대해 말씀 드리겠습니다. 꽤 부유한 노인에 대한 이야기가 있습니다. 그는 아주 만족스런 가족 생활도 했고, 세속적인 재산을 가졌고, 또 백 년 아니면 백 이십오 년 정도 살았습니다. 이제 그는 임종을 맞이하여 시골집에 누워 있습니다. 보통 시골에서는 외양간도 본채에 붙어 있습니다. 그래서 침대에 누워서도 외양간을 볼 수 있습니다. 심지어 임종 시에도 그는 매우 고귀한 생각을 하고 싶은 마음이 들지 않을 것입니다. 그는 매우 '고상한' 어떤 것을 생각하지 않을 것입니다. 그는 송아지를 바라보고 있습니다. 그리고 송아지는 빗자루를 씹어 먹고 있었습니다. 그는 빗자루를 못 쓸까 봐 매우 걱정했습니다. 그래서 그는 죽어가는 마당에 "빗자루에서 떨어져!"라고 소리를 질렀습니다. 그는 계속 "빗자루, 빗자루! 빗자루를 보살펴!"라고 외쳤습니다. "빗자루, 빗자루……"라는 말을 내뱉으면서 그는 마지막 숨을 거두었습니다.

전통적으로 전해 오는 이야기에 의하던, 사람이 죽는 순간에 갖고 있는 강한 관심에 따라 그는 다시 그것으로 환생한다는 이야기가 있습니다. 그래서 아마도 그는 빗자루로 태어날 것입니다.

❧

마하라지 문제는 구도자의 진척 사항을 측정하기 위하여 어떤 척도가 존재하고 있느냐 하는 것입니다. 그는 매우 허약했을 때는 걸을 수 없었습니다. 그러다가 점차 힘을 얻어 걷기 시작했습니다. 그래서 그는 자신이 다시 활력을 회복했다는 것을 알게 됩니다. 그렇지 않습니까? 그대의 진보를 알려 주는 지표는 이른바 '보통' 사람들과 교제하고 싶은 마음이 내키지 않는 것에 의해 드러납니다. 그대의 욕망과 기대는 점점 적어집니다.

자, 질문 좀 하십시오. 그러나 가족 생활에 대해서는 하지 말고, 오직 영적인 지식에 대하여 질문하십시오.

참나 지식이나 영성을 얻기 위해서는 그것에 대한 강렬한 갈구나 욕구를 가져야 합니다. 그대가 다섯 감각 기관을 통하여 얻는 완전한 세상의 모습과, 어떤 요인에 의해 배가된 그것의 결합이 곧 그대의 세속적인 욕구를 나타냅니다. 마치 물 밖으로 나온 물고기가 물 때문에 헐떡거리듯이, 그대도 그처럼 참나 지식을 탐내야 합니다. 영성이나 참나 지식에 대한 강력한 갈구에서 수문이 열리면, 그대는 빗자루부터 이슈와라, 그대 자신의 의식에 이르기까지 모든 것을 거부하기 시작합니다. 그대는 모든 것을 떨쳐 버립니다.

세속적인 생활에서는 돈의 힘으로 무엇이든지 구매할 수 있습니다. 마찬가지로, 자아를 기부함으로써 그대는 브람만 상태를 얻을 수 있습니다. 그리고 브람만 상태를 기부하면, 그대는 빠라브람만 상태를 얻을 수 있습니다. 첫 번째 상태에서 그대는 현시된 의식이 되지만, 두 번째 즉 마지막 상태에서 그대는 의식마저도 포기합니다. 이러한 과정의 끝에서 그대는 빠라브람만이 됩니다.

방문객 저는 공(nothingness)의 경험을 압니다. 저는 단지 여기서부터 어디로 가는지를 알고 싶었습니다.

마하라지 그 공의 상태에서는 무엇이 존재합니까? 그 공의 상태에서 존재해 있던, 그리고 그 공의 상태를 경험했던 그 '당신'은 누구이며 그 정체는 무엇입니까? 누구 혹은 어떤 것이 그 공을 경험했습니다. 이제 그 누구 혹은 어떤 것의 정체는 도대체 무엇입니까?

방문객 완전한 텅 빔입니다.

마하라지 그 경험 그 자체는 어떠합니까? 거기에는 모양이나 형상이 있습니까?

방문객 저는 그 어떤 모양이나 형상도 생각할 수 없습니다.

마하라지 모양도 형상도 없는 그것이 '당신'입니까?

방문객 모르겠습니다. 저는 오직 이런 경험을 했을 뿐입니다. 모든 생각과 그 밖의 모든 것이 단지 쓰레기 더미에 지나지 않았다는 느낌입니다. 세상의 모든 것이 단지 무의미한 난센스에 지나지 않습니다. 거기에는 아무런 의미가 없습니다. 제가 얻은 것이라고는 오직 '무' (nothing)뿐입니다. 그것이 의미를 가진 유일한 것입니다. 저는 그것을 말로 표현할 수 없습니다.

마하라지 좋습니다. 그러나 이 모든 경험과 무경험의 균형에서, 그대
가 존재하고 있다고 생각하는 그것은 무엇입니까? 그대 자신의 정
체성에 대한 그대의 지식은 무엇입니까? 그대는 어떤 결과를 얻었
습니까? 대차대조표는 어떻습니까? 궁극적으로 그대가 그대의 자
아에 대하여 도달한 결론은 무엇입니까? 무언가가 있는 것입니까,
아니면 그대는 무(nothing)입니까?

방문객 나는 무입니다.

마하라지 '나'라는 단어를 사용하지 마십시오. 그러나 무(nothing)라
는 것은 무엇입니까?

방문객 모르겠습니다.

마하라지 명상을 해 본 적이 있습니까?

방문객 4일간에 걸친 연속적인 명상 강좌인 이에스티(EST) 세미나가
있었습니다. 저는 그 중 한 세미나에 갔습니다…… 그리고 바로 그곳
에서 저는 공(nothingness)의 경험을 했습니다.

마하라지 이에스티는 무엇을 나타냅니까?

방문객 이에스티는 하나의 단체입니다. 그것은 불어로 '존재한다'는 뜻이며, 세미나를 여는 공식 기관입니다.

마하라지 그대가 준 답변은 맞습니다. 그러나 그 답변으로 더 이상 말할 수 있는 것이 아무것도 없습니다. 그대는 확신을 가지고 그 결론에 도달했습니까?

방문객 예, 그렇습니다. 사실 저는, 그것이 정말로 제가 찾고 있던 궁극적 실재라면, 그러한 공을 느꼈습니다. 그런데 저는 행복하지 않습니다. 왜냐하면 그것이 저의 성장에 도움이 되는 것 같지 않기 때문입니다.

마하라지 공이 있다면, 개인에 대해서도 (남아 있는 것이 아무것도 없는) 공이 있습니다. 그래서 불평을 하는 그 자는 누구입니까? 그 경험에 만족하지 못하는, 즉 공에 만족하지 못하는 그 자는 누구입니까? 공과 떨어져 있으면서 여전히 "공이 있습니다."라고 말을 할 수 있는 개인은 있을 수 없습니다. 그래서 완전한 공에 만족하지 못하는 이 개인은 도대체 무엇입니까? 누가 만족하지 못합니까? 누가 불평을 합니까?

   그 공에서는 개인도 사라집니다. 그런데 불평을 하는 그 자는 누구입니까? 만족하지 못하는 그 자는 누구입니까?

방문객 아, 불평이 의미하는 것은…… 우리가 전에 했던 것처럼 전사처럼 생존 투쟁에서 싸우거나 혹은 어떤 일을 하는 데 전혀 관심이 없다는 뜻입니다.

통역자 그래서 그 개인이 완전히 사라졌습니까?

방문객 아무것도 없습니다. 정말로 아무것도 없습니다.

통역자 그렇다면 불만이 어디에 있겠습니까? 불만은 반드시 누군가가 느껴야 하는 것이 아닙니까!

방문객 우리는 이 세상에서 어떻게 살아갈 수 있습니까……

통역자 하지만 '누가'? 그것이 마하라지의 질문입니다!

방문객 육체적인 몸, 육체적 현시입니다. 몸이 늘 이 완전한 공의 개념을 갖고 있다면, 몸은 형상을 가지고 이 지상에서 어떻게 살아가고 어떻게 생존할 수 있습니까?

마하라지 나는 똑같은 것으로 다시 돌아왔습니다. 이 공에서 어떤 것을 해야만 하는 그 자는 무엇입니까? 어떤 것을 해야만 하면서 이 공의 상태에 남아 있는 그것은 무엇입니까?

방문객 아마도 이 공은 오직 시작에 불과했을지 모릅니다. 그리고 다른 모든 것과 마찬가지로 단지 하나의 탐구였습니다.

마하라지 무언가가 공으로 바뀌었습니다. 공으로 바뀐 그 어떤 것이 무엇입니까? 내가 있다는, 존재한다는 이 의식, 다시 말해, 그 개념 자체가 공으로 바뀌었습니다. 그래서 남아 있는 것은 무엇입니까? 누가 남아 있습니까?

방문객 아무것도 남아 있지 않습니다.

마하라지 그 답은 백 퍼센트 맞습니다. 그러나 나는 그대가 얼마나 흔들림 없이 그 공에 거주해 있는지를 알아내고 싶었습니다. 존재하고 있는 것과 존재하지 않는 것, 그것에 대해서는 논하지 마십시오. 우리는 오로지 그대에게 무슨 일이 일어났는지에 대해서만 말할 수 있습니다. 그리고 개인으로서 혹은 의식적인 존재로서 그대는 이미 공으로 용해되고 없습니다. 그더가 말할 수 있는 것은 오직 그것뿐입니다.

　일단 그대가 그러한 상황에 들어서면, 아무것도 존재하지 않습니다. 그대가 어떤 일을 하든지, 그대의 행동이 어떠하든지, 그 모

든 것은 개인으로서 존재하지 않는, 불임 여성이 낳은 그 아이의
일과 행동입니다.

방문객 아닙니다. 저는 마치 이 상황을 모두 보는 관찰자인 것처럼 느
껴집니다. 그 모두가 하나의 거대한 연극입니다. 사실, 연극의 한 막
입니다.

마하라지 만약 그것을 관찰하는 자마저도 공으로 용해되고 없어진다
면, 그 다음엔 무엇이 있지요?

방문객 그러나 그는 그렇게 될 수 없습니다. 왜냐하면 육체적 몸이 있
기 때문입니다.

마하라지 그 답은 백 퍼센트 맞습니다. 그러므로 나는 이 대답을 했
던 그것도 또한 공으로 사라져, 남아 있는 개성이라고는 하나도 없
다고 가정하는 것입니다. 그러나 이 문제를 다루는 그대의 후속적
인 입장으로 볼 때, 이러한 개성이 아직도 남아 있다는 결론을 내
리게 됩니다. 그러므로 내가 그대에게 해 줄 수 있는 마지막 대답
은 그대가 계속해서 사다나를 해야 한다는 것입니다.
　공의 경험을 한 냐니에게는 그의 개성이 남아 있지 않습니다. 그
래서 무슨 일이 일어나더라도, 그에게는 더 이상 어떤 경험을 할 수
있는 수단이 없습니다. 그러나 그대의 경우를 보면, 그대는 공이

있고 그대의 개성도 있다고 말합니다. 사실, 이 둘은 양립할 수 없는 것입니다(즉 상호 배타적입니다). 그러므로 계속 사다나를 하십시오. 그대가 정말로 공을 찾는 단계에 이르면, 이 세상에서 무언가를 하기 위해 남아 있는 것이 무엇이 있겠습니까?

방문객 남아 있는 것은 아무것도 없습니다. 그런데 그렇다면 저는 어떻게 해야 합니까? 자살해야 합니까?

마하라지 심지어 죽어야 할 그대도 거기에는 없습니다.

방문객 그렇습니다. 고맙습니다. 그것 역시 답이 아닙니다. 여기에 대한 답은 아무것도 없습니다. 그러나 저는 여기서 어디로 갑니까?

마하라지 10일이나 12일이 지나면 해방될 수 있다는 약속을 들고 나타난 이에스티 유형과 같은 온갖 종류의 방법과 체계가 있다고 설명하는 숙녀가 있었습니다. 나 자신으로 말하자면, 나는 더 이상 이 모든 것에 개의치 않습니다. 나는 구도가 이미 끝나 버린 그 공의 상태에 이르렀습니다. 왜냐하면 그 구도자도 우리가 지금 이야기하고 있는 그 공의 상태로 용해되어 버렸기 때문입니다. 나는 더이상 그러한 탐구에 관심이 없습니다. 먼저 나는 마야를 유혹했고, 일단 마야가 나에게 항복하자 나는 마야를 쓸 다른 용도가 전혀 없었습니다. 그래서 그 마야를 버렸습니다.

수천 개의 단체들이 생겨났다가 사라집니다. 앞으로도 수천 개가 나타날 것입니다. 그들 모두가 어떤 개념에 바탕을 두고 있습니다. 예를 들면, 이곳 사람들은 불가촉천민이라는 개념을 가지고 있었습니다. 이제는 불가촉천민이라는 개념이 어느 정도 사라졌습니다. 그러나 사람들이 그러한 개념 때문에 그들의 참된 본성을 실현할 수 있었습니까? 그러므로 이들 단체들은 전혀 소용이 없습니다. 궁극적인 것은 자기 자신의 참된 본성을 찾아내는 것입니다. 이런 일에 있어서는 단체들이 아무것도 할 수 없습니다. 왜냐하면 그들은 모두가 어떤 개념에 바탕을 두고 있기 때문입니다.

방문객 그러나 이 단체 때문에 저는 저의 존재성과 접촉을 했습니다. 그 점이 제 이야기 전체의 핵심입니다.

마하라지 우리가 지금까지 논의했던 바로 그 공의 상태에서는, 개성은 마땅히 용해되고 없어야만 합니다. 그래서 더 이상 만족하거나 불만족하는 어떤 사람이 없는 것입니다. 그 공의 상태에서는 만족할 대상이 더 이상 없는데, 그가 어떻게 만족할 수 있겠습니까? 그래서 그대의 대답은 백 퍼센트 옳지만, 그대가 얻은 것은 참된 것이 아닙니다. 자신의 개성을 잃어버린 개인만이 빠라브람만과 융합했습니다. 그래서 개성은 사라져야 합니다. 이 세상 전체는 하나의 개념에 입각하여 움직입니다. 그 개념은 바로 "내가 존재한다."는 것입니다. 이것은 자기 개성의 근본적인 개념입니다.

방문객 근본적인 개념이 "나는 무(nothing)이다."일 때, 이 세상은 어떻게 움직일 수 있습니까? 바로 그것이 제가 표현하려고 노력했던 것입니다.

마하라지 만약 그대가 자신이 존재하지 않는다는 결론에 도달했다면, 더 이상의 어떤 개념이나 질문이 어떻게 일어날 수 있습니까? '내가 있음'이 더 이상 없다는 확고한 결론에 정말로 도달했다면, 더 이상의 질문이 어떻게 일어날 수 있겠습니까?

방문객 그 말은 그것 이외에 아무것도 없다는 의미입니까?

마하라지 존재하는 모든 것은 가득 참이며, 그것은 공입니다. 내가 그 '내가 있음'을 가지고 있지 않는 한, 나에겐 더 이상 내가 개인이라는 개념이 없습니다. 그때 나의 개성은 이 충만함(everything-ness) 즉 공(nothingness)과 융합되었습니다. 그리고 모든 것은 무사합니다.

방문객 그러나 충만함은 없고, 그것은 공(nothingness)입니다. 저는 충만함의 느낌을 얻지 못했습니다. 제가 말하려고 하는 것은 바로 그것입니다.

마하라지 그래서 공이 있다면, 어떤 것을 하려고 하는 사람은 도대체 누구입니까? 공이 있다고 가정하면, 어떤 것을 찾으려고 하는, 심지어 충만함을 찾으려고 하는 사람이 있겠습니까? 그 공의 상태에서는 그대도 없습니다. 그렇다면 이것 이상의 어떤 것을 원하는 자는 누구입니까?

방문객 모르겠습니다.

마하라지 모른다고 하는 그대의 대답은 또 백 퍼센트 맞습니다. 왜냐하면 그대가 모르는 상태에서는 그대가 존재한다는 것조차도 모르기 때문입니다. 그리고 이러한 '내가 있음'은 그대가 그것을 원하는 것도 없이 나중에 나타났습니다. 그리고 그대가 지금 가지고 있는 모든 지식은 이러한 '내가 있음'이 나타나고부터 축적된 것입니다. 그러나 그대의 원래 상태에서는 앎이 없는 것입니다.

방문객 문제는 제가 여기서 어디로 가느냐 하는 것입니다.

마하라지 누가 말입니까? 문제는 '누가' 어떤 곳으로 가야 하는가 말입니다. 그것은 전체적인 것에서 시작하여 이제 한 바퀴 돌고 원점으로 돌아왔습니다. 그 공의 상태에서는 우리도 공입니다. 그래서 누가 어디로 간다는 말입니까? 누구에게 더 이상 던져야 할 질문이 남아 있습니까? 그 공의 상태에서는 어떠한 것도 공입니다. 그대도 역시 공입니다.

그대의 질문은 자식 없는 부부의 아들이 "내가 여기서 어디로 갑니까?"라고 묻는 것과 너무나 흡사합니다. 그리고 그는 어디에서 왔습니까? 나는 계속해서 똑같은 옛날의 비유를 들겠습니다. 매우 연로한 부부가 그들이 아는 모든 사람들로부터 큰 존경과 사랑과 경의를 받았습니다. 그러다 부부는 죽었습니다. 그들을 알고 있던 모든 사람들은 아이를 위해 무언가를 해야 한다고 결정합니다. 그러나 아이는 태어나지 않았습니다. 누구를 위하여 그들은 무엇을 할 수 있겠습니까?

일단 자기에 대한 지식이 나타나기 시작하면, 선악이나, 고통이나 고통 아님이나, 행복이나 불행 같은 것에 대한 의문이 더 이상 없습니다. 그 문제 자체가 발생하지 않습니다.

다른 질문이 더 있습니까?

방문객 냐니가 의식과 무의식을 초월해 있다 하더라도, 그는 반드시 의식을 포함하고 있습니다. 결국 냐니는 완전함입니다. 의식을 포함하고 있는 그것이 어떻게 의식하지 못합니까?

마하라지 지식 즉 완전한 현시는 지식의 모양인 냐나입니다. 그러나 냐니는 어떠한 모양이나 형태가 없습니다. 그는 의식을 초월했습니다. 그러므로 어떤 행동을 하더라도 그 행동은 우주적 의식이지, 냐니가 아닙니다. 그러니 더 이상 냐니에 대하여 이야기하지 마십시오. 오히려 그대의 모든 생각의 토대인 이 의식, 즉 개인적 의식이나 우주적 의식에 대하여 이야기하십시오. 그래서 그대는 그 주제를 논의해야 합니다. 냐니에 대해서는 잊으십시오. 왜냐하면 그는 그것을 초월해 있기 때문입니다. 냐니가 무엇을 이야기하고 있다고 그대가 생각하더라도, 이야기하는 것은 냐니가 아니라 우주적 의식입니다.

그대가 무엇을 논의하고 있다 하더라도, 그것은 오로지 이 '내가 있음'에 기초를 둘 수밖에 없습니다. 이러한 냐니의 양상에 대해서는 잊으십시오. 오직 냐나에 대해서만 문의하십시오.

방문객 바로 그곳에 곤란한 문제, 즉 냐나와 냐니의 대립이 있습니다. 우리가 아무리 높이 올라가고 내면으로 아무리 깊이 들어가더라도, 우리가 냐니가 되지 않는다면, 그것을 초월하는 길이 항상 있을 것입니다. 우주적 의식에 만족하지 못하고 늘 더 멀리 가고 싶어 할 것입니다.

마하라지 누구든지 냐니가 되는 것에는 문제가 없습니다. 냐니는 시간을 벗어나 있습니다. 그래서 우리는 냐니가 될 수 없습니다. 냐니는 냐나 상태에 자리를 잡아 가는 과정에서 얼마 동안 "나는 브람만이다."라는 그 상태의 긍지를 가지고 있으며, 그러므로 그것에 대하여 이야기합니다. 그러나 그것은 궁극적인 냐니의 상태가 아닙니다. 나는 그대가 갖고 있는 어떠한 개념에도 참여하지 않을 것입니다.

방문객 충성심, 감사, 정의, 약속을 지키기 등과 같은 일단의 윤리적 개념들이 있습니다. 그런데 이것이 선악을 초월해 있는 어떤 것이라는, 다시 말해, 선도 악도 아닌 어떤 것이라는 말도 있습니다. 그러나 제가 언급했던 것들처럼 어떤 그룹의 개념들은 성취한 사람의 개념과 불가분의 연관을 맺고 있는 것 같습니다. 다시 말해, 우리는 그러한 사람이 어쨌든 이러한 자질들을 구현하고 있다고 생각합니다. 제가 묻고 싶은 것은, 그것이 맞습니까, 아니면 그것은 단지 하나의 망상입니까?

통역자 '성취한 사람'이라고 한 말은 무슨 뜻입니까?

방문객 냐니를 말합니다.

통역자 아, 그러나 이 세상에서 성취한 사람은, 그것은 아주 다릅니다.

마하라지 그대가 상상할 수 있는 모든 자질은 물론이고, 그대가 언급했던 모든 자질도 의식이나 지식 속에 있습니다. 그러나 냐니는 모든 자질과 개념을 초월해 있습니다.

방문객 알았습니다. 제 질문에 보충을 하나 하겠습니다. 그러한 사람이 원하는⋯⋯

통역자 아닙니다. 왜냐하면 '개체'가 없기 때문입니다. 그러므로 모든 자질은 지식이나 의식 속에 있습니다. 냐니는 모든 개념과 모든 자질을 초월해 있습니다. 그는 더 이상 개인이 아닙니다. 그러므로 개인에게 적용되는 모든 것은 그에게는 적용되지 않습니다. 그것이 질문에 대한 답입니다. 우리가 냐니를 한 개인으로 생각하기 때문에 모든 오해들이 일어납니다. 냐니에게는 더 이상 개성이 없습니다.

마하라지의 설명에 의하면, 그는 개인이 아닐 뿐만 아니라, 또한 현시와 비현시의 이원성도 초월해 있습니다.

더 질문이 있습니까?

방문객 없습니다.

통역자 어떤 일이 일어났습니까? 질문이 없다고 하다니요! 침묵은 좋은 방어요, 자기 보호입니다. 아마도 당신은 자신을 노출시킬까 봐 두려워하는지도 모르겠습니다.

방문객 마하라지께서 말씀하시는 그런 상태가 되는 사람은 보통 정의, 충성심, 감사, 정직 등과 같은 자질들을 현시할 것이라고 생각하는 것은 옳습니까?

마하라지 반드시 그렇지는 않습니다. 심지어 살인자도 지식을 얻을 수 있습니다. 그의 과거의 행위나 이러한 좋은 자질들의 부재는 결코 방해가 되지 않습니다. 모범적인 예가 《라마야나》를 집필한 발미끼입니다. 그는 살인을 할 때마다 조약돌 하나를 단지에 넣었습니다. 이런 식으로 해서 그는 일곱 개의 큰 단지가 넘치도록 조약돌을 채웠습니다. 그가 저지른 이 모든 살인도 그가 냐니가 되도록 하는 것을 막지 못했습니다.

궁극적으로 이 모든 개념을 틀린 것으로 이해할 수 있고, 그렇게 이해해야만 합니다. 그러나 어렵고도 본질적인 문제는 "내가 존재한다."는 원래의 기본적인 개념 그 자체가 틀렸다는 것을 확신하는 것입니다.

대담이 마음에 듭니까?

방문객 답을 얻어서 좋습니다.

마하라지 이제 답을 얻고 이해했으므로 그대의 에고는 서서히 사라질 것입니다.

더 이상 질문이 없으면, 이것으로 모임을 마치겠습니다.

7

의식이 현시될 때
이원성이 나타난다

마하라지 만약 오늘 아침 우리가 이곳으로 온 것을 기억하고 싶다면, 우리에게 존재의 의식을 주는 그것을, 다시 말해, 우리가 있고, 우리가 실재하고, 우리가 살아 있고, 우리가 존재해 있다는 것을 느끼게 하는 이 의식적 존재를 최고의 신으로 대우하십시오. 그대가 그렇게 한다면, 그것은 스스로 모습을 드러내며 우리에게 필요한 모든 지식을 줄 것입니다.

그대는 이 의식이 우리의 근본 원리, 최고의 신이라는 흔들리지 않는 가장 견고한 믿음을 가져야만 합니다. 그러면 그대는 필요한 모든 지식을 가질 것입니다. 우리의 유일한 자본이며 우리를 구해 줄 수 있는 원리가 하나 있다면, 그것은 바로 우리에게 존재의 의식을 주는 것, 즉 이 의식입니다. 그것과 하나가 되십시오. 그것에 기도하고, 그것을 유일한 신으로 대우하십시오. 우리가 무엇을 가지더라도, 우리가 무엇을 얻더라도, 그것은 오로지 이 의식 때문입니다. 그리고 그것과 하나가 되기 위하여 우리는 어떤 도구나 어떤 수단이나 어떤 돈도 필요하지 않습니다. 어떤 비용도 들지 않는 것입니다!

이 의식은 언제나 어떠한 조건에도 얽매이지 않습니다. 아무런 방해물이 없기 때문에 그것은 완전히 자유롭습니다. 우리가 그것에 의지하면, 그것은 또한 우리를 자유롭게 해 줄 것입니다.

방문객 냐니가 우주적 지식을 알지 못하는 것은 왜 그렇습니까?

마하라지 왜 공간은 일어났던 어떤 것도 알지 못합니까? 하늘이 지상에서 일어난 사건들에 영향을 받지 않는 것은 어째서입니까? 지수화풍이란 네 가지 원소의 배후에는 항상 공간이 있습니다.

방문객 '순수한 마음'이라고 할 때 그 뜻은 무엇입니까?

통역자 제발, 시시한 질문은 하지 마십시오. 아껴야 할 힘이 조금이라도 남아 있다면 그 힘을 가치 있는 질문에 쓰십시오.

방문객 하나의 질문을 하다 보면 보통 다른 질문이 나옵니다. 그러다가 어딘가에서 출발점이 있게 됩니다. 그래서 이 같은 질문은 더 많은 질문을 자극하면서 약간 앞으로 나아가는 것입니다.

통역자 여기에서는 그 반대의 길도 있습니다. 여러 가지 질문을 자주 집중적으로 하면 얻는 것은 점점 적습니다. 당신의 질문이 늘어난다면, 틀림없이 무언가가 어디에서 잘못되었다는 뜻입니다.

방문객 어제 저는 여기에 와서 "내가 존재한다."는 것을 알았습니다. 이제 저는 어떻게 해야 합니까?

마하라지 그 밖에 할 일이 아무것도 없습니다. 그것이 전부입니다. 그것을 잊고 가십시오!

방문객 저는 여러 번 띠루반나말라이를 오가면서 라마나 마하리쉬의 아쉬람에 있었습니다. 그곳에 있던 독일인 여성이 저에게 마하리쉬의 가르침에 대한 책을 보여 주면서, 저에게 똑같은 가르침과 철학이 존재한다고 말해 주었습니다. 그것이 바로 마하라지의 것이라고 했습니다.

마하라지 라마나아쉬람에는 얼마동안 다녔습니까?

방문객 지난 5년 동안뿐이었습니다.

통역자 당신은 그분(마하라지)의 책인 《나는 그것이다》를 읽었습니까?

방문객 저는 단지 죽음의 문제에 대한 한두 개의 질문을 읽었을 뿐입니다.

마하라지 그대는 라마나 마하리쉬의 책을 읽고 재미있었습니까? 그대 자신과 관련하여 어떤 점에서 그 책이 재미있었습니까?

방문객 저의 방향이 근본적으로 아드바이따 베단따였습니다. 그래서 저는 그분의 책을 죽 읽어 왔습니다.

통역자 그러한 책들을 읽었는데, 이제 어떤 질문을 하고 싶습니까?

방문객 제가 이 철학을 따라가려고 노력할 때 저는 행복감을 느낍니다. 살아 있는 구루를 만나는 것이 꼭 필요합니까? 아니면, 자신의 몸을 떠나가신 구루를 믿는 것으로도 충분합니까?

마하라지 목적은 "내가 존재한다."는 자아에 대한 믿음에 그대 자신을 일깨우는 것입니다. 그것이 목적의 전부입니다. 그래서 그러한 발달에 도움이 되는 것이면 무엇이든 받아들여도 좋습니다. 그대가 살아 있는 구루에 대한 믿음을 가지고 있다면, 살아 있는 구루를 받아들이십시오. 그대가 자신의 몸을 떠나 버린 구루에 대한 믿음을 가지고 있다면, 그 구루를 받아들이십시오.

방문객 그러나 이 둘 중 어느 하나에 더 이익이 있습니까?

마하라지 그대가 아무것도 모르고 있을 때 그대 인생의 전체에서 알게 된 첫 번째 것은 무엇이었습니까?

방문객 자아였고, 그 다음에 다른 것들이 뒤를 이었습니다.

마하라지 그대는 그대 자신을 몰랐던 것을 포함하여 아무것도 모르는 상태로 출발했습니다. 그래서 그대가 처음으로 알기 시작한 것은 무엇입니까?

방문객 저는《기따(Gita)》를 읽기 시작했고, 끄리슈나를 읽었습니다.

마하라지 그대는 어떤 것도 알지 못했습니다. 그대는 그대 자신도 몰랐습니다! 그런데 어떻게《기따》를 읽을 수 있었겠습니까?

그대가 그대 자신을 몰랐던 인생의 이 시기에 그대가 알게 된 첫 번째 것은 무엇이었습니까?

그대는 그대 자신을 알고 난 뒤에는 너무도 많은 것들을 알기 시작했습니다. 그대는 "나는 존재한다."는 것을 알게 되었고, 그 다음 다른 것들을 알게 되었습니다. 그것이 어떻게 일어났습니까?

방문객 그것은 아마도 저의 전생의 업, 즉 저의 쁘라랍다 까르마 때문에 일어났을 것입니다.

마하라지 그대는 지금까지 많은 이야기들을 들었습니다. 그대가 그대 자신을 알게 된 후, 그대는 너무도 많은 것들을 알기 시작했습니다. 그러나 그대가 그대 자신을 알기 전에는 어떤 지식을 갖고 있었습니까?

방문객 온갖 종류의 세속적인 것들을 알게 되었지만, 이 세상은 저에게 어떤 행복이나 만족도 가져다주지 못했습니다. 그러나 이 책들을 읽고서……

마하라지 제발 질문에 답해 주십시오.

방문객 제가 질문을 제대로 이해하지 못했나 봅니다.

마하라지 그대는 어떻게 그대 자신의 자아를 알게 되었습니까? 그 후에 그대는 그토록 많은 것들을 할 수 있습니다. 그것이 어떻게 해서 일어났습니까?

방문객 자아가 이 몸을 알게 되었습니다.

마하라지 맨 먼저, 이러한 앎이, 즉 "나는 존재한다."는 앎이 나타났습니다. 그 뒤에 그대는 몸을 수용했습니다.

방문객 맞습니다.

마하라지 오직 이것만 고수하십시오. 다른 질문은 하지 마십시오.

나는 의식을 말하고 있고, 동일한 의식에 의하여 의식을 설명하고 있습니다.

그대는 "나는 존재한다."는 그대 자신을 알게 되었습니다. 거기에 거주하는 것이 바로 박띠(bhakti) 즉 헌신입니다. '내가 있음'이 나타나기 전에 헌신은 어디에 있습니까?

방문객 질문이 있습니다.

마하라지 나는 지금까지 어떤 사람이 질문으로 시작한다는 이야기를 들어 보지 못했습니다. 나는 그대에게 그것을 할 수 있는 특별한 시간을 주었습니다만, 그대는 말을 하지 않았습니다.

그대가 무슨 이야기를 들었든지 간에 그것은 오로지 전적으로 그대에게만 적용됩니다. 그것을 충분히 받아들이십시오. 그대가 몸을 그대 자신으로 맞이하기 전에 그대가 있었던 그 상태, 바로 그것이 모든 구루 중의 구루입니다. 그것이 브람만입니다. 그것은 브람만도 아닌 오로지 빠라브람만입니다. 그 다음에 그대는 더 거친 상태로 떨어지기 시작했습니다. 그리고 결국 그대는 몸을 그대 자신으로 보기 시작했습니다. "내가 존재한다."는 것과 같은 생각이 그대 자신에게 떠오르기 전에, 그대는 구루 중의 구루인 최고의 상태 즉 빠라브람만 상태에 있었습니다. 그 뒤에 그대는 온갖 종류의 더 거친 문제들로 채우기 시작했습니다. 그리고 그대는 "나는 몸이다."라는 몸의 의식까지 떨어져 내렸습니다. 그래서 이 모든 불순물들이 없어져야 합니다. 그때까지 그대는 평온한 상태에 그대로 있어야만 합니다.

그대의 타락은 "내가 존재한다."는 그 존재성의 출현과 함께 시작되었습니다. "내가 존재한다."는 이 앎의 출현과 더불어, 그 다음의 타락은 몸을 그대 자신으로 받아들이는 것이었습니다. 그러고 나서 그대는 너무도 많은 것들을 그대 자신에게 끌어 모았습니다. 그대 자신을 "내가 존재한다."로 아는 그 상태를 진리로 알고 의지하십시오. 그대가 끌어 모았던 기타 모든 것들은 실재하지 않는 것입니다.

[특정한 방문객에게] 현재, 그대는 평온한 상태에 있습니다. 그것이 잠의 이쪽에 있습니까, 아니면 저쪽에 있습니까? 그대는 오로지 의식을 느끼는 의식일 뿐입니다. 의식이 의식을 접촉합니다. 그대는 그대가 들어 본 적이 있는, 죽음으로 알려진 그 경험을 향해 가고 있습니다. 그리고 그대는 그러한 죽음의 경험이 얼마나 비실재적인가를 깨달아야만 합니다. 이 세상에서 겪는 우리의 모든 경험에도 불구하고, 그리고 이 세상에서 싸우는 우리의 모든 발버둥에도 불구하고, 우리는 피할 수 없는 죽음을 향해 나아가고 있을 뿐

입니다. 그러나 그 죽음은 실재하지 않습니다. 죽음이 실재한다면, 한 동물의 죽음은 그 종 전체의 종말을 의미할 것입니다.

"내가 존재한다."는 의식이 자극을 받아 앎으로 발전하지 않는 한, 앎이라는 것은 전혀 없습니다. 바로 그 자극 즉 '내가 있음'이 그대의 현시된 세계 전체의 근원입니다. 이러한 '내가 있음'에 대한 각성이 없으면, '나의 것'이나 '너의 것'이라는 문제가 어디에 있겠습니까? '내가 있음'이 나타난 후에야 비로소 나와 타인들이 활동하기 시작합니다. 이 '내가 있음'이 없다면, "내가 존재한다."도 있을 수 없고, 타인들도 있을 수 없습니다. 만약 그대가 영성의 이러한 양상을 탐구하면, 탄생과 죽음의 문제도 없습니다. 그러나 만약 그대가 이러한 특별한 양상을 탐구하지 않으면, 그대는 탄생과 죽음의 윤회에 계속 말려들 것입니다.

방문객 만약 제가 저 자신을 안다면, 만약 제가 저 자신을 깨닫는다면, 저의 세속적인 삶에 어떤 변화가 있겠습니까?

마하라지 '세속적인 삶'이라고 말할 때 그 뜻은 무엇입니까? 또 '변화'라는 말뜻은 무엇입니까? 그대의 세속적인 삶은 오로지 그대의 개념일 뿐이며 그대의 마음일 뿐입니다. 우리는 마음보다 앞에 있는 원리를 다루고 있습니다. 이것은 그대가 여러 벌의 수의를 입고 있다고 할 수 있습니다. 그대가 그대 자신을 알기 전, 그것이 그대의 진정한 상태였습니다. 첫 번째 수의가 '내가 있음'이란 수의입니다. 그 다음 그대는 몸을 그대 자신으로 받아들였고, 그 다음에는 수많은 다른 수의들을 걸쳐 입었습니다. ‘내가 있음’을 포함하여 이제 이 모든 수의들을 벗어 던져야만 합니다.

아무것도 모르던 상태에서 내가 걸쳐 입은 첫 번째 베일은 “내가 존재한다.”는 베일이었습니다. 그것은 모양도 없고, 이름도 없었습니다. 그러나 나는 몸을 받아들였습니다. 그래서 나에게 나 자신의 모양과 이름이 생겼습니다. 이것이 타락이었습니다. 그러므로 모든 성자들은 “몸의 족쇄를 버리라!”고 충고합니다. “나는 몸이다.” 라는 이것들이 바로 족쇄입니다. 그것들을 버리십시오.

방문객 이 몸─마음에 대한 의식을 어떻게 버릴 수 있습니까?

마하라지 어떻게 잊느냐고요? 그가 기억하고 그가 잊어버린다는 것을 기억하는 사람은 누구이며, 그것을 아는 사람은 누구입니까? 기억의 상태와 기억─없음의 상태를 아는 자는 몸이 없습니다. 그는 몸과 마음이 있기 이전에 존재합니다. 만약 그대가 바로 지금 이야기하고 있는 것의 정수를 완전히 받아들일 수 있다면, 그대는 오로지 빠라브람만 상태에 자리를 잡을 것입니다.

여러분은 영성의 분야에서 초보자는 아닙니다. 이미 많은 영적인 지혜를 얻었습니다. 이제 질문을 하십시오.

‘이것은 몸이 있다, 저것은 몸이 없다, 이것은 이렇고, 저것은 저렇다’ 등과 같이 서로 다른 상태를 구별하는 자는 그 모든 것과 아주 멀리 떨어져 있습니다. 그리고 그대는 구별하는 자입니다. 그대는 가장 순수하고, 가장 경사롭고, 가장 깨끗한 자입니다. 그것이 그대의 상태이기 때문에, 그대는 다른 상태들의 특성을 평가할 위치에 있습니다. 이 점을 이해하고서, 그대의 세속적인 삶이나 가족적인 생활을 최고의 열의를 갖고 영위하십시오. 그러나 핵심은 이렇습니다. 즉, 만약 그대가 내가 말하는 것을 정말로 이해하고 그곳에 거주하면, 그대의 욕망과 기대들은 자연적으로 떨어져 나갈 것입니다.

방문객 욕망과 애착들이 떨어져 나가면, 어떤 것도 하고 싶지 않은 느낌이 찾아옵니다……

마하라지 그것은 빠라브람만 상태를 가져다줍니다. 그 상태에서 모든 야심이나 기대나 욕망이 무슨 소용이 있겠습니까? 그것은 무엇을 필요로 하겠습니까? 아무것도 필요하지 않습니다. 왜냐하면 그것은 완벽한 상태이기 때문입니다.

방문객 우리는 더 이상 어떤 것도 상관하지 않는, 말하자면, 브람만 상태도, 그 어떤 것도 상관하지 않는 곳에 이릅니다.

마하라지 그렇습니다. 또한 그 상태에서는 그대가 브람만이라는 것을 알고자 신경도 쓰지 않을 것입니다.

그대는 이 이야기를 건네받고 싶습니까, 이 모든 것을 받아들이고 싶습니까?

방문객 약간! [웃음]

통역자 그분이 이야기하는 것은 아이의 장난이 아닙니다.

방문객 단지 세상에 대한 완전한 각성이 있는 것 같습니다.

마하라지 각성이라고 말할 때 그 뜻은 무엇입니까?

방문객 그것은 여기에 있고 싶지 않은 것으로 나타납니다. 여기란 말은 '이 세상'을 의미합니다.

마하라지 그것은 오직 그대가 "나는 이것과 같지 않고, 저것과 같지 않다."는 것을 깨달을 때만 일어날 것입니다. 즉, 그대가 모든 것을 없앤다면 일어날 것입니다. 그 상태에서는 그대는 어떤 색깔도, 어떤 디자인도, 어떤 모양이나 이름도 갖지 않을 것입니다.

방문객 그렇다면 영성을 수행할 더 이상의 욕망도 없겠습니다.

마하라지 그런 형태의 열정의 부족을 바이라기야(vairagya)라고 합니

다. 바이라기야는 라가(raga)가 전혀 없음을 의미합니다. 라가는 사
랑, 즉 존재하려는 사랑을 의미합니다. 존재하려는 사랑도 버려야
합니다.

방문객 그것은 슬픔을 가져다줍니다.

마하라지 그것은 정서적 상태입니다. 이 슬픔은 몸과 마음의 양상입
니다. 만약 그대가 이러한 몸과 마음의 의식을 완전히 없애지 못한
다면, 반드시 슬픔이 있을 것입니다.

[특히 두 방문객에게] 앞서 여기에 아무드 없었을 때, 나는 그대 두
분께 이야기를 할 좋은 기회를 드렸습니다. 이제 그대들도 이야기
하고 싶어 못 견딜 것입니다.

방문객 이제 이야기해도 되겠습니까?

마하라지 앞서 그대는 그대의 자아를 발견했다는 말을 하고 모든 질
문을 중단했습니다. 그것은 영적인 추구의 목표에 그대가 도달했
다는 것을 의미합니다. 좀 더 상세하게 설명해 보십시오. 여기에
오기 전에는 그대가 어떤 존재였으며, 나를 만나고 난 뒤 지금은
어떤 존재인지를 말해 보십시오. 그 이야기를 듣고 싶습니다.

방문객 제가 여기 오기 전에는, 모든 것이 [자신의 머리를 가리키면서] 여기에서 진행되는 것 같았습니다. 그리고 저는 저의 몸을 보고, 항상 저의 몸에 대해서 생각했습니다. 그리고 돈에 대하여 걱정했습니다. 아주 많이……. 직장을 구해야 할지 말아야 할지에 대해서도 걱정을 많이 했습니다. 그리고 저는 가끔 "내가 존재한다."를 이해하기 위하여 매우 열심히 공부했습니다. 저는 마하라지님의 책들도 읽었고, 가르침들도 들었습니다. …… 저는 "내가 존재한다."에 머물기 위해 열심히 노력했습니다. 그리고 명상을 했습니다.

마하라지 그 다음엔?

방문객 그 다음엔 어쨌든 저는 여기에 있게 되었습니다. 저는 "나는 존재한다."라고 말했고, 그리고 그것을 알았습니다.

마하라지 그대는 "내가 존재한다."는 것을 깨달았습니까? 그것의 색깔은 무엇이며, 그것의 모습은 어떻습니까? 그것의 이미지는 무엇입니까?

방문객 아무것도 없습니다.

마하라지 그것을 찾으십시오! 그 다음 침묵을 지키십시오.

방문객 [수련의 필요성에 대하여 알아들을 수 없는 말을 한다.]

마하라지 "내가 존재한다."는 그대 자신의 자아를 만날 때까지 그것들(수련)은 매우 필요합니다. 일단 그대 자신의 자아 안에 거주하면, 그것들은 쓸모없습니다. 그렇게 되면 그대는 더 이상 몸도 아니고, 그래서 더 이상 몸에 관한 모든 수련에 관심이 없기 때문입니다.

방문객 저의 자아에 거주한 뒤에 죄와 공덕은 어떻습니까?

마하라지 이것들은 몸과 마음과 관련된 속성들입니다. 그래서 그대가 더 이상 몸과 마음이 아닌 순간, 이런 속성들도 더 이상 그대에게 있을 여지가 없습니다.

우선, 우리는 우리 자신을 몸에 제한시킵니다. 우리는 우리 자신에게 "나는 몸이다."라는 사상을 주입시킵니다. 한 예가 공기입니다. 공기가 입 안으로 들어오면, 우리는 그것을 쁘라나(prana)라고 부릅니다. 그것은 몸의 필요 조건이 되어 몸에 제한됩니다. 일단 그것이 몸과 분리되면, 그 생명의 호흡 즉 쁘라나는 현시됩니다. 즉, 그것은 우주적 공기입니다. 그것은 우주적 공기일 뿐만 아니라, 우주적 공간도 됩니다. 그 공기는 몸의 제약을 받지 않습니다. 마찬가지로, 그대의 정체성은 몸과 관련되어 있지 않으며 몸의 제약을 받지도 않습니다. 그러므로 몸의 조건들 가운데 아무것도 그대를 구속하지 않습니다. 그대의 본성 그 자체로 볼 때, 그대는 오로지 그 역동적이고 현시적인 의식일 뿐입니다.

그것이 '내가 있음'이라는 이러한 속성에 즉 그 생명의 호흡에 의존해 있다는 것은 의심의 여지가 없습니다. 후자는 오로지 공기를 의미합니다. 몸 안에서 작용하는 공기를 의미합니다. 이러한 공기와 앎이 '내가 있음'을 일으킵니다. 쁘라나에서부터 세상이 자라납니다. 그리고 세상은 마음을 의미합니다. 그 모든 것이 '그대'를 해석합니다. 그래서 생명의 호흡이 떠나면, 더 이상 '내가 있음'은 없습니다. 그러나 '내가 있음'은 죽어 없어지지 않으며, 죽은 몸처럼 남게 됩니다.

방문객 해방(해탈)은 무엇입니까?

마하라지 그대가 몸과 마음이라는 의식에서 해방되어 몸과 마음이 되지 않을 때, 바로 그것이 해방입니다. 나의 언어가 그대를 충족시켜 줄 수 없을지 몰라도, 그 때문에 당황하지 마십시오. 그대는 내 말 위에 있는 의미를 이해하려고 노력해야 합니다.

그대가 정말로 해방되면, 그대가 "나는 몸이 아니요, 생명의 호흡도 아니다."라는 확고한 결론에 도달하면, 깨달음은 완전합니다.

그대는 생명의 호흡입니까? 생명의 호흡에 주의를 기울이십시오. 그대가 언어를 목소리로 낸다고 해서 그대 자신이 언어입니까? 그대는 언어가 될 수 있겠습니까? 마찬가지로, 나는 그대를 의식으로 이끌어 갑니다. 그대는 의식을 지켜보는 입장에 있습니다. 그러므로 그대는 의식이 될 수 없습니다. 그대는 분별의 능력을 최대한 이용하여 탐구해야만 합니다.

우리가 이러한 몸과 마음이라는 의식에 사로잡히기 전에 우리는 오로지 빠라브람만이었습니다. 그러나 이 '내가 있음'이 나타나는 순간부터, 우리는 이러한 몸과 마음을 우리 자신으로 받아들이고, 그 다음 모든 개념과 세상의 모든 문제들에 말려들게 되었습니다.

그 앎이나 깨달음에는 색깔도 없습니다. 이 모든 것을 깨달은 자에게는 신의 상태인 브람만이 있습니다. 그리고 이 신의 상태를 아는 자는 빠라브람만 상태입니다.

방문객 브람만 상태를 아는 자에게도 세상은 여전히 나타납니까?

마하라지 그것이 질적인 "내가 존재한다." 상태이면, 세상은 존재합니다. 이러한 상태가 일단 초월되면, 세상은 없습니다. "내가 존재한다." 상태에서, 의식 속에서, 현시적인 세계는 거기에 있습니다. "내가 존재하지 않는다." 상태에서는 세상이 전혀 없습니다.

이러한 "내가 존재한다." 상태와 세상을 아는 자…… 그 아는 자의 상태 내에서는 세상이 전혀 없습니다. 그러나 "내가 존재한다." 상태에서는 세상이 존재합니다.

방문객 그러나 그때 그 아는 자는 세상을 알고 있는 것이 아닙니까?

다시 말해, 빠라브람만은 세상을 알고 있지 않습니까?

마하라지 [그의 담배 라이터를 가리키면서] 사실, 그 불꽃은 '내가 있음'과 같습니다. '내가 있음'이 나타나면 세상도 나타납니다. 그대는 빠라브람만처럼 그것을 지켜보고 있습니다. 불꽃이 전혀 없으면, 그대는 아무것도 보지 못합니다. 불꽃이 있을 때 '내가 있음'이 나타났고, 그러므로 세상도 나타났습니다.

방문객 그러면 빠라브람만 상태에서는 세상과 세상 아님을 둘 다 볼 수 있겠습니다.

마하라지 모든 것이 그 의식의 출현에 달려 있습니다. 만약 그 의식이 있으면 세상에 대한 목격도 일어납니다. 의식이 없으면 세상도 없습니다. 그대는 왜 바로 지금 어떤 것이라도 알게 됩니까?

방문객 제가 존재하기 때문입니다.

마하라지 그 '내가 있음' 때문에 그대는 세상을 압니다. 백 년 전에는 그대는 어떤 것도 몰랐습니다. 그때 그대는 빠라브람만이었습니다. 왜냐하면 '내가 있음'이 아직 없었기 때문입니다.

방문객 여전히 제가 지금 빠라브람만일 수 없습니까?

174

마하라지 이것은 농담이 아닙니다만, 그대는 바로 지금 빠라브람만이 될 수 있습니다. 다만, 그것은 그대가 취득할 수 있는 상품이 아닙니다.

그대는 백 년 전에 빠라브람만이었습니다. 백 년 전의 그 상태에 대한 모든 정보를 나에게 주십시오. 그대의 주의력을 오로지 "내가 존재한다."라는 그 의식에 집중하십시오. 소위 모든 영적인 수행과 복잡한 이야기들 때문에 옆길로 빗나가지 마십시오.

방문객 몸 안의 이 의식은 우주적 의식과 어떤 관계를 맺고 있습니까?

마하라지 하나는 다른 하나의 표현입니다. 맥박이 없다면, 개인의 몸으로 간주되는 그것이 이 세상에서 어떤 일이라도 할 수 있겠습니까? 생명력 즉 호흡은 마음과 의식의 표현입니다. 그대가 하나를 말하면, 다른 것들도 거기에 있게 마련입니다. 세 가지 모두가 하나의 복합체를 이루고 있습니다. 하나가 없으면, 다른 것들은 작용을 할 수 없습니다. 이제 이 의식이라고 하는 것이 바로 우주적 의식, 다시 말해, 내가 존재한다거나 네가 존재한다거나 혹은 그가 존재한다는 것이 아닌, "나는 참존재(Presence)이다."라는 참존재의 느낌이기 때문에 어려움이 발생합니다. 그러나 불행히도 몸과의 동일시 때문에 자기 자신을 완전한 존재가 아니라, 완전한 존재의 나눌 수 있는 한 부분으로 여깁니다. 그래서 무언가를 얻는다는 관점에서 생각을 합니다. 그러나 사실 있는 그대로의 상황을 볼 때,

즉 어떤 개인도 개입되지 않고, 존재하는 것은 하나의 완전체로서의 참존재요, 오로지 절대의 표현에 지나지 않는다는 것을 알고 이것을 바로 인식하는 순간, 해방이 있습니다. 해방은 완전한 확신을 가지고 이것을 보는 것 이외의 어떤 것도 아닙니다.

방문객 의식과 몸의 관계는 어떤 것입니까?

마하라지 의식이 현시되기 위해서는 모양을 가져야만 합니다. 그리고 모양이 몸입니다. 몸은 다섯 원소들의 정수로 이루어져 있고, 의식의 자양물을 구성하고 있습니다. 몸의 형태로 된 자양물이 없다면, 그 몸이 벌레의 몸이든 곤충의 몸이든 아니면 인간의 몸이든, 어떤 몸이라 하더라도 의식은 그 자체를 유지시킬 수 없습니다. 말하자면, 의식을 유지시키는 것은 음식의 정수입니다.

방문객 현시의 다양한 형태들이 우주적 의식의 표현에 불과하다면, 왜 서로 다른 형태로 된 개성의 느낌이 있습니까? 왜 개개의 형태는 그 자체를 독립된 것으로 여깁니까?

마하라지 단일성인 그것이 현시되자마자, 현시 그 자체는 이원성을 나타냅니다. 현시란 주체와 객체가 있어야 한다는 것을 의미합니다. 공간과 시간 속에서의 현시는 구분 가능성을 의미합니다. 그리고 의식이 현시되자마자 선악, 대소 등과 같은 정반대의 대립이 있다는 것이 바로 의식의 본질입니다. 현시가 일어나는 순간부터 이원성은 바로 그것의 본질이며, 이것은 그 자체를 표현해야만 합니다. 이러한 현시가 있자마자, 심지어 다섯 원소에서조차 이원성의 문제가 존재합니다. 즉, 공기와 불과 물은 그들 스스로 정반대의 대립체입니다. 그래서 현시 그 자체가 이원성을 의미합니다.

만약 내가 아프다고 말하면, 그것은 정말로 무엇을 의미합니까? 의사소통을 위해 우리는 '나'라는 단어를 사용합니다. 그러나 엄격히 말하면, 나는 형상과 아무런 관계가 없습니다. 병이 형상에 붙어 있는 것은 형상이 의식으로 만들어져 있고 또 의식으로 느껴지기 때문입니다. 그런데 나는 실제로 형상도 아니요, 형상으로 현시되는 의식도 아닙니다. 그러나 의사소통을 위해 "나는 아프다."라든가, "나는 병이 더 심하다."라든가, "나는 약해졌다."라든가, 혹은 "나는 더 강해졌다."라고 말을 합니다. 그러나 그것은 형태의 본질에 변화가 일어났다는 표현에 불과합니다. 더 약해졌거나 더 강해졌거나, 병을 치르거나 그렇지 않는 것은 '나' 그 자체와는 전혀 관계가 없습니다.

인간 가운데서뿐만 아니라, 인간 이외의 다른 존재 형태 속에서도 무수한 언어들이 있습니다. 그러나 언어가 기초를 두고 있는 그것은, 다시 말해, 마음과 의식은 변화하지 않습니다. 맨 처음부터 그 의식에 일어났던 조건은 그 특별한 형태를 가진 언어의 토대입니다. 그러므로 수많은 형태와 수많은 언어들이 있습니다.

이제 우리가 알고 있는 일상의 언어와 우리가 아직 모르는 영적인 언어에 관해서는 매우 미묘한 문제와 닮은 점이 있습니다. 맨 처음부터 우리가 조건 지어져 있는 그것 즉 그 언어는 어떤 사람이 배워도 특별한 노력을 필요로 하지 않습니다. 그 사람은 어릴 때부터, 즉 가장 초기의 조건화로부터 그 언어에 익숙해져 있습니다. 어떻게 해서요? 변함없는 일관성 있는 친밀한 관계를 통해서입니다. 마찬가지로, 만약 우리가 냐니와 이러한 변함없는 일관성 있는 친밀한 관계를 가진다면, 사람들이 보통 이해하지 못하는, 냐니가 말하는 그런 언어도 서서히 기억되고 이해되며 자연스럽게 될 것입니다.

언제부터 사람은 고통의 경험을 알게 됩니까? 오직 형상이 다섯 원소에서 만들어지고 그 형상 속에 의식이 있을 때부터입니다. 그러나 형상이 만들어지기 전, 의식이 형상 속으로 들어오기 전에는 상황이 어떠했습니까? 우리는 비현시적이었습니다. 자신의 실존에 대한 지식이 전혀 없었습니다. 경험에 대해서도 문제가 전혀 없었습니다. 그러므로 행복이나 불행과 같은 거친 개념을 초월해 있는 상태가 있었습니다. 그것이 바로 경험을 해야 한다는 어떠한 문제조차도 없었던 단일성(unicity)이었습니다.

비현시적인 절대 상태에서는 전혀 의식이 없습니다. 말하자면 존재에 대한 의식이 없었습니다. 그래서 이 우주적 의식이 다양한 형태로 현시되고, 이들 형태들이 생명력을 가지고 세 가지 구나(guna)의 지배를 받을 때만, 각 형태는 이들 구나의 결합에 따라 생명력을 통해 행동할 수 있습니다. 각 형태는 그 자체의 본성에 따라 행동을 합니다. 그것은 오직 동일시가 일어날 때만입니다. 그리고 행동하는 것은 오로지 세 구나의 결합에 불과하지만, 나는 '내'가 행동하고 있다고 생각하기 시작합니다. 내가 당연히 나의 것이 전혀 아닌 그러한 행동의 책임과 결과를 지고 있다고 쓸데없이 생각하기 시작합니다. 그 행동은 세 구나[5]와 생명력에 따라서 어떤 경우에라도 일어났을 것입니다.

어떤 누구라도 그 자신이 행동하고 있다고 생각할 수 있다는 것은 놀라운 일이며 거의 어리석은 일입니다. 실제로 일어나는 일은 이렇습니다. 즉, 깨어 있는 상태는 다른 구나들이 시작하기 전에 사뜨바-구나 즉 완전한 조화에서 나옵니다. 우리가 깨어나는 눈 깜짝할 사이에, 완전한 사랑, 완전한 친절이 있습니다. 자아감(이기심)에 대한 문제가 전혀 없습니다. 그래서 깨어 있는 상태는 사뜨바-구나의 특성을 가지고 있습니다. 그 후 신체적 활동이 있는데, 이는 필요성, 본성 그리고 의무에 의해 일어납니다. 이들은 라자스-구나에서 나옵니다. 이 모든 활동들은 저절로 일어납니다. 그러나 사람은 "'나'는 이것을 하고 있다."라고 말하기 시작하며, 동일시를 하고 책임을 집니다. 그것이 따마스-구나의 작용입니다.

---

5 세 구나, 즉 사뜨바(순수, 명료, 조화), 라자스(정열, 에너지, 활동) 그리고 따마스(불활동, 저항, 어둠)는 힌두교의 가르침에 따르면 세상 진행 과정의 근저에 있으면서 그 과정을 움직이는 기본적인 속성이나 특성이다.

8

"내가 존재한다."는 것을 누가 아는가?

마하라지 "나는 마하라지의 이야기가 맘에 안 들어."라고 말하며 자리를 박차고 일어나 밖으로 나가는 어떤 사람의 경우를 살펴봅시다. 어떤 일이 일어났습니까? 그는 마음에서 나온 한 마디의 특별한 말이나 일단의 말의 의미에 반응을 한 것입니다. 그래서 마음은 "나는 그가 지금 말하는 이야기가 맘에 안 들어."라고 말합니다. 그리고 그 생각은 말로 전환됩니다. 그리고 다시 마음은 "나는 이것이 맘에 안 들어."라고 하는 이 말의 의미를 받아들입니다. 그리고 그가 밖으로 걸어 나가는 행동이 일어납니다. 마찬가지로, 만약 우리가 모든 생각의 토대로서 어떤 명확한 원리를 받아들인다면, 그 다음 우리의 모든 미래의 행동은 그 위에 기반을 두고 있을 것입니다. 이 확고한 기반은 어떤 특별한 생각에서 나온 말의 의미를 받아들인 결과입니다. 나의 구루는 나에게, 나는 빠라브람만이지 그 밖의 어떤 것도 아니라고 말씀해 주셨습니다. 나는 큰 확신을 가지고 그것을 받아들였으며, 그러므로 다른 어떤 것들이 나타나더라도 그것은 나에게는 분명히 거짓으로 보입니다. 예를 들면, 인생의 어떤 단계에서 나는 매우 강했습니다. 그러다 15년, 20년이 지난 뒤에 나는 지팡이를 사용해야만 했습니다. 그리고 더 나중에는 지팡이도 쓸모없게 되었습니다. 그래서 몸에 일어나는 이 모든 변화들은 나의 것이 아닙니다. 어떤 병이 발병했더라도, 그것은 오직 신체의 부위를 가리킵니다.

일어나는 모든 생각은 "내가 빠라브람만이다."라는 확고한 근본적인 생각에 기반을 두고 있을 것입니다. 만약 우리가 이 근본적인 원리를 고수하지 못하면(우리들 대부분이 고수하지 못한다), 우리는 우리가 몸이라는 것을 받아들이고, 죽을 때까지 계속 몸으로서 살아갈 것입니다. 그러나 완전한 확신을 가지고 구루의 말을 받아들이면, 우리의 운명, 우리의 인생 전체가 변화될 것입니다.

나는 그대에게 떠오르는 모든 생각들로부터 그대 자신의 본체를 떼어 놓을 것입니다. 나는 그대가 생각이 아니라고 말했습니다. 그러나 그대가 생각을 그대 자신으로 받아들이면, 그대는 실제로 생각이 되어 버립니다. 그래서 나는 그대와 그 생각들 사이에, 다시 말해, 그대와 그대가 받아들이는 어떤 생각이나 말 사이에 쐐기를 박아 서로를 떼어 놓을 것입니다. 앞서 나는 그대가 모든 생각과 그 생각들에 부여하는 모든 의미의 총계가 된다고 말했습니다. 그대는

'그대의 것'이라고 받아들이고 있는 생각의 희생자요, 말의 의미의 희생자입니다. 나는 그대에게 "나는 기분이 상했어."라는 말의 의미를 받아들이고, 그 개념을 완전히 삼켜 버린, 그래서 그것을 그 자신의 것으로 만들어 버린 그런 사람의 예를 보여 주었습니다.

그 쐐기를 박아 서로를 떼어 놓을 때, 나는 "그대는 생각이나 말의 의미와는 별개의 존재이다."라고 말합니다. 사뜨바-구나, 라자스-구나, 따마스-구나가 어떤 것입니까? 사뜨바-구나는 모든 목적을 달성시키는 것입니다. 그래서 그대는 "나는 이것을 하고 있다."라고 말하고, 사뜨바-구나, 라자스-구나, 따마스-구나의 행동들을 그대 자신으로 받아들이고 있습니다! 그대는 역시 그것이 아닙니다. 임신 3개월째인 기혼 여성의 예가 있습니다. 누군가가 그 태아는 매우 위대한 인물, 즉 바가반 슈리 끄리슈나 신의 지위를 누릴 태아일 것이라고 예상을 했습니다. 태어날 아이는 끄리슈나 신만큼 위대하거나 심지어 그보다 더 높은 신이 될 것입니다. 그러한 개념이나 그러한 생각이 주어졌습니다. 그래서 이 여성은 그 생각을 몽땅 그대로 받아들입니다. 그 생각, 그 의미를 그녀 자신으로 받아들일 때, 틀림없이 끄리슈나만큼 위대한 아이가 태어날 것입니다.

내가 걸렸다고 하는, 즉 나의 몸이 걸렸다고 하는 이 병은 실제로도 큰 축복입니다. 왜냐하면 그것은 본래의 나 자신이 아니기 때문입니다. 그러나 그것은 또한 임신한 그 여성과 같습니다. 나도 똑같은 상태에 있습니다. 그녀에게 주어진 그 개념 때문에 그 여성은 그녀의 아이가 끄리슈나만큼 위대하다고 실제로 믿을 것입니다. 마찬가지로, 나의 구루께서는 내가 빠라브람만이라는 이 개념을 주었습니다. 그래서 그것은 항상 거기에 있습니다. 그래서 이 병이 미치는 영향이 뭐가 있겠습니까? 병은 나를 빠라브람만 상태로 인도해 줄 것입니다. 왜냐하면 나는 빠라브람만을 나의 참된 본성으로 받아들였기 때문입니다. 나는 오직 빠라브람만입니다! 그러므로 이 병의 최고점은 빠라브람만입니다.

그대는 말의 의미의 노예이며, 마음의 의미의 노예입니다. 그러므로 그대는 마음의 제물입니다.

이 확신을 받아들이는 사람은 누구입니까? 그것은 마음이 아닙니다. 그대 내부에 있는 "내가 존재한다."는 깊은 의식이 바로 그대가 마음이 아니라 빠라브람만이라는 것을 받아들여야만 합니다. 마음이 그대에게 부과하는 의미의 노예가 되지 마십시오. 나에게 있는 이 병의 최고점은 오직 빠라브람만입니다. 그러나 이러한 병을 가지고 있는 다른 사람에게는 자신이 죽을 것이라는 공포가 있을 것입니다. 이것은 보통 사람들의 일반적인 개념입니다. 그러나 자신이 빠라브람만이라고 확고하게 확신하고 있는 사람에게는—나는 '자아'가 무엇이든지, 그 자아는 그것이 빠라브람만이라고 확신하고 있다는 것을 말해 주고 싶습니다—그 병은 하나의 축복입니다. 왜냐하면 그 병은 그를 빠라브람만 상태로 인도해 주는 데 도움을 주기 때문입니다.

"내가 존재한다."는 지식은 누가 가지고 있습니까? 그대 내부에서 누군가가 "나는 존재한다."는 지식을 알고 있습니다. 그가 누구입니까? 그대가 존재한다는 것을 그대가 알고 있다는 것은 매우 분명합니다. 그러나 그대가 존재한다는 것을 알고 있는 그 자의 정체는 무엇입니까, 그는 누구입니까?

방문객 저도 역시 그 질문을 했습니다. 내가 존재한다는 것을 누가 알고 있습니까?

마하라지 그대가 지금 여기에 앉아 있다그 내가 대답해야 합니까? 그대는 그대가 지금 여기에 앉아 있다는 것을 알고 있습니다. 그래서 그대는 나에게 질문도 하고 있지 않습니까! 그대는 내가 왜 이러한 질문을 던지는지를 이해해야만 합니다. 아무 부끄러움도 없이 그대는 나에게 그대의 질문에 대답을 하라고 하고 있습니다.

통역자 사실, 요점은 우리가 바로 우리 문제의 핵심으로 파고들어야 한다는 것입니다. 전체적인 요점은 피상적으로 답하지 않는 것입니다. 그래서 다른 사람들에게 그대의 질문에 대답하라고 하는 것은 그 의미가 도대체 무엇입니까?

방문객 그것이 수사적 질문 같이 들렸기 때문입니다.

통역자 우리는 분명히 '내가 있음'보다 앞에 있습니다. 그 다음 마하라지는 우리가 우리 자신을 살펴보고 그것이 무엇인지를 알아내기를 바랍니다. 말로 하는 대답이 아닐 수도 있습니다. 적어도 우리는 그분이 심어 주려고 하는 것을 이해하려고 노력해야만 합니다.

방문객 알겠습니다.

두 번째 방문객 "내가 존재한다."는 것을 아는 것은 순수한 자각입니까?

마하라지 예, 맞습니다. 그 환영의 상태를 누가 이해할 수 있습니까? '내가 있음'은 환영일 뿐입니다. 그것은 완전한 상태가 아닙니다. 그것은 환영입니다. 누가 그 환영을 알고 있습니까? 환영이 아닌 상태만이 그 환영의 상태를 알 수 있습니다. 그대의 답변이 틀리지는 않지만, 그대는 왜 '순수한' 자각이라고 말했습니까? 그대가 '순수하다'고 말할 필요성은 무엇입니까?

방문객 어떤 필요성도 없었습니다.

마하라지 '자각'은 순수함을 의미합니다. 자각이 "내가 존재한다."를 알고 있기 때문에, 그것은 다른 것입니다. 그것은 "내가 존재한다." 이상의 것입니다. 그것은 최고의 것입니다. 자각에는 어떠한 등급도 없습니다. 절대 즉 빠라브람만 상태에서는 불순한 자각이나 순수한 자각이라는 문제가 전혀 없습니다.

188

방문객 순수한 자각 속에는 사랑이 있습니까?

마하라지 없습니다. 그대가 '사랑'이라고 말할 때 그 뜻은 무엇입니까? 사랑에 대한 그대의 경험이나 개념은 어떤 것입니까?

방문객 몸과 마음이 가지고 있는 사랑보다 훨씬 더 높은 어떤 것입니다. 형태가 없는 어떤 것입니다.

마하라지 존재성의 상태나 '내가 있음' 혹은 의식의 상태까지는 사랑의 상태가 있습니다. 그 사랑은 '존재하려는' 사랑입니다. 이 '존재하려는 사랑'은 완전한 상태가 아닙니다. 그러나 그것을 초월하면, 완전한 상태입니다. 불완전함이 전혀 없습니다!

방문객 마하라지께서는 '존재성의 지점까지'라고 말씀하셨는데, 그것은 마하라지께서 여전히 절대 안에 있을 때입니까?

통역자 존재 아님의 상태가 절대입니다. 다시 말해, 그대가 순수한 자각이라고 말한 그것입니다. 존재성은 "내가 존재한다."는 느낌입니다. "내가 존재한다."는 그것 자체가 존재하려는 사랑입니다. 나는 존재하고 싶습니다. 나는 나 자신을 영속시키기를 사랑합니다.

방문객 그러면 사랑은 어디에 있습니까?

마하라지 그것이 사랑입니다. 의식 그 자체가 사랑입니다. 의식이 있
으면 그대는 존재하고 싶어 합니다.

방문객 순수한 자각 속에서 말입니까?

마하라지 어떠한 '내가 있음'도 없고, 어떠한 의식도 없습니다.

방문객 그러면 어떤 사랑도 없습니다.

마하라지 존재하려는 사랑 속에서는, 그대는 무언가를 가지고 싶어
합니다. 그렇지요? 어떤 욕망이 거기에 있습니다. 계속 존재하고
싶은 사랑이 있습니다. 빠라브람만 상태에서는, 존재하려는 사랑
이 없습니다. 왜냐하면 그것은 완전한 상태이기 때문입니다.

방문객 절대적인 상태가 그 위쪽에 있다면 목적은 무엇입니까? 절대
적 상태가 형태를 가지고 태어나는 목적은 무엇입니까?

마하라지 왜 그대는 그렇게 초보적인 질문을 합니까? 내가 몇 가지
예를 들어 보겠습니다. 그대는 어떤 특별한 장소를 방문하고 싶습
니다. 그대는 그 욕구입니다. 그 욕구 때문에 그대는 가는 것을 사
랑합니다. 사랑이 동기의 힘입니다. 그것이 그대를 움직입니다. 마
찬가지로, 그대가 존재성일 때, 그 존재성은 계속되기를 바랍니다.

그것은 시간과 공간 속에서 계속되기를 바랍니다. 그것이 바로 존재하려는 사랑의 상태입니다. 그래서 사랑은 오로지 존재성의 상태에서만 있습니다.

완전한 상태에서 보면, 그 상태는 본래의 그 자신 이외의 다른 어떤 것이 되고 싶어 하지 않습니다. 또한 그것은 '존재하고' 싶어 하지도 않습니다. 그러므로 그 완전한 상태에서는 그 존재성도 없으며, '내가 있음'에 대한 느낌도 존재하지 않습니다. 모든 것이 완전합니다.

그대의 욕구가 충족되면, 더 이상의 욕구도 없고, 더 이상의 부족도 없습니다. 더 이상의 움직임도 없습니다. 그 순간에는 사랑도 용해되어 없어집니다. 그대가 어떤 곳으로, 말하자면, 어떤 멀리 떨어져 있는 역으로 가고 싶다고 가정해 봅시다. 그대는 기차를 타기 위해 급히 달려갈 것입니다. 왜 그대는 급히 달려갑니까? 왜냐하면 그대의 목적지에 도달하고 싶기 때문입니다. 일단 거기에 도달하면, 그대는 더 이상 달려가지 않습니다. 그대는 안정 속에 그대로 있습니다. 움직임도 잊어버립니다. 더 이상의 달려감도 없습니다. 다시 말하지만, 나는 개인이나 개성을 말하고 있지 않습니다. 나는 다섯 원소로 된 음식의 정수의 최종적인 결과인 '내가 있음'을 말하고 있습니다. 그대는 개성이나 개인이 아닙니다. 이 음식의 가장 순수한 형체는, 비록 그것도 다섯 원소의 작용의 결과이지만, "내가 존재한다."라는 맛입니다. "내가 존재하다."는 개성이나 개인이 아닙니다.

예를 들면, 그대는 하인을 고용하고 싶습니다. 매우 허약한 사람이 한 사람 있는데, 그대는 그를 훌륭한 하인으로 바꾸고 싶어 합니다. 그는 매우 약하여 일을 수행할 수 없습니다. 그래서 그대는 그에게 좋은 음식, 좋은 자양물을 가져다줍니다. 그러자 그는 더 강해지고 튼튼해집니다. 그러면 결국 그를 훌륭한 하인으로 만든 것은 음식이 아닙니까? 그대가 그에게 준 좋은 질의 음식은 그대에게 봉사로 바뀌었습니다. 마찬가지로, 약이란 무엇입니까? 약도 일종의 음식물이 아닙니까? 그대 몸 안에서 부족한 어느 특정한 음식물에 대한 교정 수단이 약이란 형태로 투약이 된 것입니다. 그러므로 그 하인에게 도움을 준 것은 누구입니까? 음식물의 정수가 아닙니까? 그리고 그대 자신의 몸과 관련하여 그대에게 도움을 준 것은 누구입니까? 그대에게 좋은 하인이 된 것도 음식물의 정수가 아닙니까?

여기서 드러난 이 모든 지식이 그대를 혼동시킵니까? 보통, 일어나는 일은 사람들이 그들 자신을 인간적 형태라고 생각하고, 그 인간적 형태의 여과기를 거쳐 모든 것을 이해하려고 한다는 것입니다. 그들은 내가 말하는 모든 것을 인간의, 다시 말해, 개성화된 인간의 사고양식으로 바꾸어 해석해 버립니다. 그것이 문제입니다. 나는 음식물의 정수로 된 몸의 결과물인 그 의식, "내가 존재한다."에 대한 그 접촉, 그 원리를 말하고 있습니다.

[특정한 방문객에게] 그대는 아직도 명확히 이해가 안 됩니까?

방문객 저는 제가 꽤 명료하게 이해했다고 생각했습니다. 제가 말하는 것을 가지고 저를 확실히 판단할 수는 없습니다. 제가 말하는 것은 저의 이해를 잘못 전할 수 있습니다.

마하라지 그대는 이해했다고 흔들림 없이 확신하고 있습니까?

방문객 아닙니다. 어떤 단계에서는 이해되는 것들이 있지만, 완전함에서 볼 때는 이해된 것이 아무것도 없었습니다.

마하라지 그대는 최고의 단계 즉 완전함을 말했습니까?

방문객 완전함을.

마하라지 그대가 '완전함'이라고 말할 때 그 의미는 무엇입니까?

방문객 "내가 존재한다." 상태에 남아 있으켠, 지식도, 생각도, 움직임도 전혀 없습니다.

마하라지 그대가 오로지 존재일 때, 생각이 전혀 없습니까?

방문객 예.

마하라지 바로 의식 그 자체가 생각이 활동할 수 있는 가능성입니다.

방문객 생각할 가능성은 있지만, 그것을 실행하지 않으면 전혀 생각이 없습니다.

마하라지 의식이 있으면, 생각은 자연스럽게 나타나거나 나타나지 않을 수 있습니다. 그대는 그것을 전혀 통제할 수 없습니다. 생각을 가지거나 생각을 안 가지는 것은 전적으로 의식의 소임입니다.

방문객 그러나 우리는 생각이나 정신 작용을 전혀 갖지 않는 우주적 의식에 대해 이야기하고 있었습니다. 그렇다면, 생각은 어디에 있습니까? 우리가 "내가 존재한다." 상태에 있고 거기에 머무르라는 말을 듣는다면, 그때는 생각이 어디에 있습니까?

마하라지 지금은 그쯤하고, 생각을 멈추십시오.

✣

마하라지 지금 내가 그대에게 말하고 있는 것을 그대는 이해할 입장이 안 됩니다. 그리고 그대가 나에게 말하고 있는 것을 나는 이해하지 못합니다. 그러니 더 이상 이야기한들 무슨 소용이 있겠습니까?

방문객 그런데 제가 무엇이든 알고 있다는 것을 암시하는 것이 저의 목적이 아니었습니다. 저는 상대적으로 몇 가지를 알고 있다고 느꼈습니다. 그러나 이제 저는 아무것도 모른다는 것을 깨달았으며, 그것이 마하라지의 은총 덕분이라는 걸 알았습니다.

마하라지 그대가 아무것도 이해하지 못한다는 관점에서 이야기하고 있기 때문에, 여전히 그대는 질문을 하고 있습니다. 그래서 내가 그 질문을 어떻게 이해해야 되겠습니까?

그대에게서 나오는 질문의 유형과 특성을 보면, 그대는 내가 심어 주려고 하는 것을 이해하지 못하고 있다는 것을 알 수 있습니다. 이 대화의 목적 전부는 그대가 나의 말을 이해하고, 내가 그대의 질문을 이해하는 것입니다. 이것이 사실이 아니라면, 대화를 해야 할 목적이 어디에 있겠습니까?

나는 건강이 좋지 않습니다. 나는 오직 또렷하게 핵심만을 이야기하겠습니다. 어떤 여담도 하지 않겠습니다. 많은 사람들이 나의 이야기를 듣고 이해하고는 고요한 상태로 들어갔습니다. 사람들이 내 말을 이해할 수 없다면 그것에 대하여 내가 어떻게 할 수 있겠습니까? 내 이야기들이 이해될 수 없는 것이라면, 내 이야기를 들어도 아무 소용이 없습니다.

오늘 아침 나는 "내가 존재한다는 것을 누가 압니까?"라는 질문을 했습니다. 그런데 그대는 나에게 "그 말을 내가 어떻게 이해해야 합니까?"라고 반대의 질문을 던졌습니다. 조용히 해 주시겠습니까? 오늘은 더 이상 질문을 하지 마십시오.

✣

마하라지 아침에 그대가 그 질문을 했을 때 나는 그대가 논쟁을 하려 드는 줄 생각했습니다.

방문객 그렇게 느끼신 데 대하여 사과드립니다. 마하라지님의 질문에 대한 답변으로 저의 질문이 아마도 너무 쉽게 나온 것 같습니다. 그러나 논쟁을 하자는 의도는 전혀 없었습니다. 저는 아마도 제가 몰랐을지도 모르는 그 질문에 대한 회답이 있다고 느꼈습니다. 그러나 사실 저는 정말로 그 회답을 알고 있었으며, 지금도 마하라지께서 말씀하신 것을 이해하고 있습니다. 그러나 우리는 이해되고 있는 지식을 가지고도 실제로는 결국 이해하지 못한다고 가끔 느낍니다. 그럼에도 불구하고 지식은 이해되었습니다. 거기서 아는 자는 누구입니까? 그리고 그것이 제가 전하고 싶었던 전부입니다.

마하라지 나는 그대의 질문을 듣고 그대가 나를 공격하거나 도전하려 든다고 느꼈습니다. 그대는 조용히 있어야 합니다. 그대로부터 아무런 대답이 나오지 않으면, 그대는 나보고 대답하라고 해서는 안 됩니다. 왜냐하면 그 질문은 그대를 위해, 즉 그대의 입을 열도록 마련되었기 때문입니다. 당분간 질문을 하지 마십시오. 나에게

도전하는 어떤 질문도 하지 마십시오.

[또 다른 방문객에게] 전에도 이곳 인도에 온 적이 있습니까?

방문객 이번이 처음입니다. 인도에 온 지 3일 되었습니다.

마하라지 그대는 이미 영적인 지혜로 가득 차 있습니다. 그대는 영성
에 관해 많이 알고 있습니다. 그래서 나는 그대에게 말할 위치에
있지 않습니다. 나는 그대 앞에서는 보잘것없는 난쟁이에 불과합
니다.
  질문이 있습니까? [특정한 방문객에게] 그대의 질문은 어떻게 되었
습니까?

방문객 더 이상 질문이 없는 그 단계를 이해하려고 애씁니다. 제가 왜
이 수준까지 떨어져서 이러한 경우에 질문을 해야 합니까?

마하라지 그대의 질문은 어떻게 되었습니까?

방문객 시작 단계에 있습니다. 그러나 궁극적인 상태에서는 질문이 전
혀 없습니다. 제가 질문을 하기 위하여 왜 낮은 단계로 내려와야 합
니까?

마하라지 누가 그대에게 내려와서 질문하라고 했습니까?

통역자 만약 그대가 질문을 하고 싶지 않다면 마하라지님을 만난 목적은 무엇입니까?

마하라지 아침에 나는 분명히 그대에게 말했습니다. 나는 한 사람으로서, 한 개인으로서 그대에게 말하지 않는다고 말입니다. 나는 의식의 표현으로서 그대에게 말하고 있습니다. 이러한 대화에서는 나와 너의 문제가 있을 수 없습니다. 이 의식은 음식으로 된 몸의 정수의 소산이고, 의식의 그 표현에게 말하고 있습니다. 그대는 그대에게 일어나는 모든 것이 지식이라고 항상 생각합니다. 그러나 그것은 실제로는 개념입니다. 참된 지식은 개념을 초월해 있으며, 개념이 있기 이전에 있습니다. 개념이 없고, 무언의, 말을 못하는 상태가 지식입니다. 문제는 그대에게 낯선 개념이 떠오르면, 그대는 그 개념을 좋아하고, 거기에다 명칭을 부여하고, 그 명칭을 기억하며, 그리고 그 명칭을 '지식'이라 부르고, 거기에 만족하고 있다는 것입니다. "내가 존재한다."는 근본적인 개념이 사용될 수 없다면 그대가 어떻게 어떤 개념을 말하고 발전시킬 수 있겠습니까? 이 근본적인 개념이 더 많은 개념들을 낳습니다. 다시 말해, 기타 모든 개념들은 거기에서 나타납니다. 우리는 그것을 신, 이슈와라 등과 같은 이름들로 부릅니다. 그리고 그 모든 것을 우리는 '지식' 이라고 부릅니다. 이 근본적인 개념이 나중에 나의 지식이 되는 그 모든 개념들을 밝혀 줍니다. 그러나 "내가 존재한다."는 근본적인 개념을 포함하여, 그대에게 일어나는 모든 개념은 영원한 상태가 아닙니다.

이 근본적인 개념이 그대에게 일어나면 그대는 그것을 브람만이나 이슈와라라고 부릅니다. 그대는 그것을 좋아하기 때문에, 그대는 존재하기를 좋아하기 때문에, 그대는 앞서 언급한 것과 같은 이 영광스러운 이름들을 거기에 붙입니다. 그러나 그 모든 것에도 불구하고, 그것은 여전히 개념에 불과합니다. 그것이 왜 영원하지 않을까요? 왜냐하면 그것의 토대 자체가 오직 이 음식으로 된 몸이기 때문입니다. 음식으로 된 몸이 적절한 균형과 적절한 조건 속에서 유용할 수 있는 한, '내가 있음'이나 기타 어떤 개념도 계속 유지될 것입니다.

그런데 이때 그대의 견본(sample)은 어디에서 이용될 수 있습니까? 그것은 절대적 상태로서의 그대에게서는 찾을 수 없습니다. 오직 '내가 있음'이나 '내가 있음'의 접촉이란 형태로 음식 정수의 견본만이 이용될 수 있습니다.

나는 그대에게 나의 이야기를 전해 드리고 있습니다. 내가 나의 이야기를 그대에게 하는 동안, 그것은 그대가 그대 자신의 자아를 알게 된다는 것을 의미합니다. 그대가 나의 이야기를 이해하면, 그대는 또한 그대 자신의 이야기를 이해할 것입니다. 그대 자신 속에 거주하십시오. 실제로 끄리슈나 신은 그의 이야기를 설명했습니다. 그러나 그는 그 이야기에 브람만의 지식을 뜻하는 '브람만 비디야'라는 영광스러운 이름을 부여했습니다. 참나의 지식인 브람만 비디야에게 좋거나 나쁜 일이 일어날 수 있겠습니까? 브람만에게는 좋거나 나쁜 어떤 일도 일어날 수 없기 때문에, 빠라브람만은 욕망이 없는 빠라브람만 상태인 '니슈까마'(nishkama)로 알려져 있습니다. 존재의 지식 즉 자아의 지식은 태어나지 않은 아이의 유용성과 같습니다. 그것은 절대적으로 아무 소용이 없습니다. 마찬가지로 이 브람만 비디야도 결국 아무 소용이 없습니다.

이른바 대부분의 냐니(jnani)들은 그들이 매우 소중히 여기는 어떤 개념들을 통해 지식을 가졌다고 부당하게 생각했습니다. 그들은 그 개념들에게 다양한 과장된 이름들을 부여함으로써 그것들을 미화시켰습니다. 그리고 그들의 신조나 종교나 심원한 지식으로서 그 특별한 개념에 매달렸습니다. 심지어 '내가 있음'이란 이 근본적인 개념도 여전히 하나의 개념에 불과하기 때문에 정직하지 않은 것입니다. 결국 우리는 그것도 초월해서, 개념이 없는 상태인 니르비깔빠(nirvikalpa) 상태에 있어야만 합니다. 그러면 그대에게는 어떤 개념도 없으며, 심지어 "내가 존재한다."는 개념마저 없습니다. 그 상태에서는 자신이 존재한다는 것을 모릅니다. 이 상태가 빠라브람만으로 알려져 있습니다. 말하자면, 브람만을 초월한 것입니다. 브람만은 현시적인 것이지만, 빠라브람만은 그것을 초월해 있거나, 그것보다 앞에 존재하는 것입니다. 다시 말해, 절대적 상태입니다. 내가 의도하는 말의 핵심을 이해하시겠습니까? 그대가 그대의 주의로 무엇을 잡고 있든지, 그 주의는 결국 주의 없음으로 바뀌어야 합니다. 최종적으로 남아 있는 상태가 참자각 즉 **빠라브람만**입니다.

　나는 의식을 말하고 있습니다. 이해를 하기 위한 의식의 도구는 주의력입니다. 주의력 속으로 흡수되고 실제로 이해되는 모든 것은 그 주의력을 통과합니다. 그리고 그 주의력 자체도 의식으로서 의식 속으로 용해됩니다. 그래서 남은 것은 무엇입니까? 어떤 개념도 남아 있지 않습니다. 따라서 주의력도 주의력이 없는 상태로 바뀝니다. 의식이 나타남과 더불어 그대가 존재하고 있다는 생각이 그대에게 떠오릅니다. 동시에, "나는 존재한다."는 생각이 그대에게 떠오르거나 그대의 주의력 속에 나타납니다. 그래서 의식이 없으면, 주의력도 없습니다. 의식과 주의력이 나타난 다음에 그 밖의 모든 것이 살며시 기어 들어왔습니다. 이제 그대가 그대의 주의력을 통하여 현시된 우주 전체를 껴안을 수 있다고 생각해 봅시다. 그대의 의식이 거기에 없다면, 전 우주를 껴안는 그 주의력은 어디에 있겠습니까? 그러므로, 냐니는—냐니는 어떤 개체의 문제가 전혀 없는 그 원리입니다—이러한 '내가 있음'의 상태를 초월합니다. 그것은 '나의 존재성이 없는' 상태입니다. 냐니는 의식을 사라지게 합니다. 냐니에게는 어떤 자만심이 들어설 여지가 없습니다. 왜냐하면 그의 자만심을 지탱해 줄 지주가 전혀 없기 때문입니다. 절대 상태는 의식보다 앞에 존재합니다. 그것은 태어나지 않은 상태를 의미합니다. 빠라브람만은 태어나지 않은 상태에, 즉 의식보다 앞에 있는데, 그것이 조금의 지식이라도 가질 수 있겠습니까?

태어나지 않은 아이는 그의 존재에 대하여 모릅니다. 마찬가지로, 빠라브람만 상태는 그 자체를 모릅니다. 그것이 존재한다는 것을 모릅니다. 나의 말은 오직 절대적 상태에 뿌리를 두고 있습니다. 그대는 내 말에서 어떤 의미를 발견해 낼 수 있어야만 합니다.

관계를 이해하고, 이해하려고 노력하는 그 원리는 여전히 의식의 영역에 존재하고 있습니다. 주의력의 영역에 있습니다. 그러나 그것이 가리키는 그것은 그 안에 어떠한 주의력도 갖고 있지 않습니다.

방문객 주의력에 마구를 채운다면 오직 침묵만이 있습니다.

마하라지 의식의 벼랑까지, 심연 속으로.

방문객 그것은 사막에서 구멍을 뚫는 것과 같습니다. 물이 나오면 더 이상 어떤 일도 할 필요가 없습니다.

마하라지 내가 말하는 어떠한 것도 그대의 지성으로는 이해될 수 없습니다. 그것은 지력의 범위를 초월해 있습니다.

모든 살아 있는 존재, 모든 사람, 모든 종은 그 자체를 보존시키려고 노력합니다. 그것은 바로 생명력이 하는 일입니다. 그러나 우리는 그 생명력에 대해서 조금이라도 알고 있습니까?

이 '내가 있음', 의식의 접촉은 이 음식의 정수라는 특성이 유지되는 한, 계속 유지될 것입니다. 일단 그러한 특성이 사라지면, 의식도 유지될 수 없습니다. 이것은 다섯 원소의 작용의 결과입니다. 거듭 말하지만, 다섯 원소로 된 음식의 가장 순수한 형체가 유용할 수 있는 한, 의식은 거기에 있을 것입니다. 일단 그 특성이 없어지면, 의식도 없어질 것입니다. 그대가 이 다섯 원소들의 특성을 영구적으로 보존할 수 있습니까?

그대가 이 유기적인 음식의 정수를 섭취하면, 습기가 반드시 존재합니다. 그리고 물은 언젠가 반드시 말라 버립니다. 그래서 의식은 시간에 구속되어 있습니다. 결국 그것은 사라질 것입니다. 그대가 나는 이와 같다는 그런 자부심을 어떻게 계속 존속시킬 수 있겠습니까? "내가 존재한다."를 존속시키는 이 일은 전적으로 음식의 정수에 달려 있습니다. 그러니 그대가 그것을 어떻게 영구적으로 존속시킬 수 있겠습니까? 나는 계속 이 상태로만 남아 있겠다고 어떻게 말할 수 있겠습니까? 어떤 정수를 추출해 내기 위하여 물은 매우 필요합니다. 그러나 물의 특성은 반드시 말라 버린다는 것입니다.

이 시점에서 무엇이든지 묻고 싶다면 질문하십시오. 이 주제에 대해서, 즉 그대의 정체성에 대해서 곰곰이 생각할 입장에 있다면, 말하십시오.

통역자 제가 마라하지께 당신이 《바가바드 기따》와 아주 많은 경전들을 알고 있다고 말씀드렸습니다. 그분께서 말씀하시기를, 그 모든 것이 매우 흥미롭다고 하셨지만, 당신은 근본적인 지지물이 무엇인지를 기억해야 한다고 하셨습니다. 당신은 틀림없이 '존재'합니다. 그렇지 않습니까?

방문객 저는 어떤 질문도 하고 싶지 않았습니다. 경전들에 대한 지식이 우리가 갈구하는 것을 가져다주지 못했습니다. 그에 비하면, 은총과 삿상은 매우 중요합니다.

마하라지 '진리'란 말의 뜻은 무엇입니까? 우리는 실재하지 않는 것을 이해하고 있습니다. 즉, 계속 지속되지 않을 것을 이해하고 있습니다. 그러나 '실재한다'는 의미는 무엇입니까? 진리의 의미는 무엇입니까? 그것은 영원한 모든 것을 말합니다. 존재를 포함하여 우리가 경험하는 모든 것은 실재하지 않습니다. 왜냐하면 그것은 계속 지속되지 않기 때문입니다. 이들은 모두가 영원하지 않습니다. 그리고 우리는 오직 영원하지 않은 것들만을 경험합니다. "내가 존재한다."는 지식은 근본적인 개념이고, 또한 영원하지 않습니다. 영원하며 자각하고 있는 유일자 즉 절대자가 왜 다른 누구에 대해서 걱정을 하겠습니까? 왜냐하면 그 상태에서는, 어떤 모습이 나타나더라도 그것은 오직 그것(That)뿐이기 때문입니다. 그 이외의 다른 어떤 것도 없습니다. 그래서 다른 것들에 대한 어떤 문의에 대한 질문도 일어나지 않습니다.

  영원하다는 뜻은 바로 지금과 영원을 의미합니다. 상태가 바로 지금과 영원이라면, 다른 어떤 것을 왜 걱정하겠습니까? 영원한 것은 모두가 진리입니다. 그 상태는 지식과 무지를 초월합니다. 그래서 지식이나 무지가 들어설 여지가 없습니다. 그대는 그것을 냐나라고 부를 수도 있고, 거기에 어떤 멋진 명칭을 부여할 수도 있지만, 실제로 그것은 냐나와 아냐나(ajnana), 즉 지식과 무지를 초월해 있습니다.

그것은 아주 매혹적인 상태, 찬란히 빛나는 영광스러운 상태입니다. 그대는 거기에다 온갖 명칭을 다 부여할 수 있습니다. 그것은 태어나지 않은 아이와 같습니다. 불임 여성의 아이와 같습니다. 진리란 그것과 같습니다. 영원한 것은 그것과 같습니다. 영원은 태어나지 않은 자를 의미합니다.

방문객 마하라지께서는 그것(That)을 깨달았을 것입니다. 그런데 어떻게 하면 저희도 그 상태를 깨달을 수 있겠습니까?

마하라지 그대가 그 상태를 깨닫는다고 말할 때 그 뜻은 무엇입니까? 그리고 그 상태는 무엇입니까? 불임 여성의 아이.

방문객 제 말의 뜻은 마하라지께서 말씀하신 대로, 영원하고 바로 지금인 것을 말합니다.

마하라지 그렇습니다. 나는 찬란하고 영광스러운 그 상태에 대하여 그것을 말했습니다. 그러나 그것은 태어나지 않은 아이와 같습니다.

9

의식 그 자체는
환상의 근원이다

마하라지 태어나지 않은 아이라고 언급된 그 상태를 나는 찬란하거
나 영광스러운 등의 말로 묘사하려고 노력했습니다만, 그것은 실
제로 아주 놀라운 것입니다. 그대는 그대의 마음이나 지성을 이용
하여 그것을 이해할 수 없습니다. 그것을 포기하십시오! 이 모든
것을 다른 사람들에게 전달하지 말고 그대가 그것을 얻으려고 하
십시오. '그대'가 그것을 추구하여 바로 그것이 되십시오! 게으름
피우지 마십시오! 지금 논의되고 있는 이것에 대하여 누가 어떻게
질문할 수 있겠습니까? 순간적인 만족을 주면서 그 순간에 '이해'
되는 그런 특별한 말이나 진술을 듣는 것은 좋지만, 이것은 그것과
는 다른 것입니다. 이것은 그대를 변화시켜 줄 것입니다. 그대가
얻는 어떠한 경험이나 만족도 그때만을 위해 마련된 순간적인 것

입니다. 일단 그때가 지나가면, 만족도 사라지고 모든 것이 끝나 버립니다.

방문객 그렇다면 영원한 것은 무엇이며, 그 영원한 것을 어떻게 성취할 수 있습니까?

마하라지 시간에 묶여 있는 것을 모두 이해하십시오. 그리고 시간에 묶여 있는 모든 단계를 제거하십시오. 시간에 묶여 있는 이 모든 단계를 인식하고 있는 자, 그는 시간을 초월해 있으며, 시간보다 앞에 존재합니다. 거기에 그대로 가만히 계십시오. 그대는 오로지 시간에 묶여 있지 않은 그 기초에서부터만 시간에 묶여 있는 이 모든 단계들을 이해할 수 있습니다. 거기에 계십시오!

방문객 어떻게 하면 거기에 도달할 수 있습니까?

마하라지 그것을 계속 좇아가십시오. 그것을 더 설명하기 위하여 적용될 수 있는 더 이상의 말이 없습니다.

방문객 어떤 수단이나 의식이나 절차에 의하여 그것을 얻을 수 있습니까?

마하라지 그것은 노력이나 이해가 미치지 않는 곳에 있지 않습니까?

그대가 이해의 수단이 될 때, 지력의 모든 원천은 따로 떨어져 있게 됩니다. 남아 있는 것은 모두 그 상태입니다. 곧 우리는 완전히 이 존재성이나 의식의 지배를 받게 됩니다. 의식은 음식의 정수로 된 몸의 결과입니다. 이 존재성에게 일어나는 모든 것은 '지식'이며, 아마도 심오한 지식일 수도 있습니다. 그리고 우리는 그것에 매달립니다. 그러나 그것은 참된 지식이 아닙니다. 존재성도 음식의 정수가 만들어 낸 것입니다. 그것은 시간에 묶여 있기 때문에 영원한 지식이 될 수 없습니다. 이해하시겠습니까? 이것을 조금 이해한 뒤에 생각을 하려고 하지 마십시오. 그대가 그대의 참된 참나에 확고히 자리 잡을 때까지 이것을 충분히 흡수하고 받아들이려고 노력하십시오.

방문객 저는 저 자신을 아직 충분히 이해하지 못했습니다. 따라서 그것을 포기하는 문제는 정말 일어날 수 없습니다.

마하라지 다시 말하지만, 그 '내가 있음'은 음식으로 된 몸의 소산입니다. 그것을 안다는 문제도 또한 어디에 있겠습니까?

그대가 '그대 자신'이나 '그대'라고 브르는 것도 바로 이 음식의 정수로 된 몸의 소산입니다. 그 존재성이 어떻게 진리인 '그대'를, 절대자인 그대를 이해할 수 있겠습니까? 무지한 자에게는 브람만이나 이런 저런 것에 대한 영적인 특수 용어에 의존하여 모든 이야기를 해 줄 수 있습니다. 그러나 그대 자신에 대해서는 그대는 정말로 진정한 참나를 이해해야만 합니다.

"그대는 살아 있다."는 것은 하나의 개념입니다. 그리고 그것은 틀렸습니다. 이 몸에는 '그대 자신'으로서 우리가 알고 있는 원리가 있습니다. 그 원리는 형상이 없지만, 그대는 그것을 "내가 존재한다."는 지식으로서 이해하고 있습니다. 우리는 또한 그것을 의식이나 '나'의 의식, 혹은 존재성이라고도 부릅니다. 그런데 그 다양한 이름들도 오직 이 의식의 이름일 뿐입니다. 즉, 의식이 이 세상을 생기게 합니다. 이 세상은 그 의식 속에 있습니다. 그것을 이해하려고 노력하십시오.

이것이 참나의 지식으로 나아가는 유일한 길입니다. 이 의식을 통하여 그대는 그대 자신, 즉 그대의 본체를 알 수 있습니다. 이 세상에 있는 다른 모든 종류의 지식은 그대가 이 세상에서 생계를 꾸려갈 수 있도록, 즉 돈을 벌어 살아갈 수 있도록 해 주는 방법들입니다. 그렇지 않으면 그것은 전혀 지식이 아닙니다. 참나의 지식이 유일한 참된 지식입니다.

우주적 의식에는 개인이 없습니다. 우리는 각기 다른 형상들을 보고, 그들에게 인간, 신, 당나귀 등과 같은 이름을 붙여 줍니다. 그러나 궁극적으로는, 우주적 의식인 이 의식만 있습니다. 그리고 우리는 우리 자신을 독립된 존재나 독립된 몸으로 인식해서는 안 됩니다. 우리는 바로 그 지식입니다. 거기에는 이름이나 모양이 없습니다. 그것이 내 가르침의 본질입니다.

두 명의 대학생이 전에 여기에 왔습니다. 나는 그들에게 "영성을 잊어버려라. 정상적인 성벽, 성향을 따라가라. 정상적인 의무를 행하라. 오직 영성은 포기하라."고 그들에게 말해 주었습니다. 내가 왜 그들에게 이같이 말했을까요? 나는 영성 즉 영적인 문제에 말려들면서, 결국 자아에 대한 그 사랑마저 잃어버렸습니다. 나에게는 자아에 대한 사랑이 더 이상 없습니다. 바로 그것이 이유입니다.

 누구에게나 그를 받쳐 주는 주요한 힘은 자아나 의식에 대한 사랑, 즉 주요한 결속인 '나에 대한 사랑'의 상태입니다. 나는 오로지 자아를 알아야 한다는 명목으로 영성을 추구하기 시작했습니다. 왜냐하면 나는 자 자신을 사랑했고, '존재하기'를 사랑했기 때문입니다. 그리고 나는 신의 정체를 알고 싶었습니다. 그것을 아는 것이 영성을 의미합니다. 그래서 이러한 거래 속에서 나는 그것을 잃어버렸습니다. 나는 더 이상 '존재'하려는 그 사랑에 매혹되지 않았습니다. 왜냐하면 그것이 주요한 구속이며 주요한 조건인 '나'에 대한 사랑이기 때문입니다. 생명의 호흡이 작용되고 있는 한, 맥박이 뛰고 있는 한, 그때까지는 '존재'하려는 이 사랑이 있습니다. 그때까지는 의식이 있습니다. 생명의 호흡이 몸을 떠나면, 맥박도 멈출 것이고, '내가 있음'도 더 이상 없을 것입니다. '존재'에 대한 나의 사랑이 이제 완전히 끝나고 고갈되어 버렸기 때문에 '나-사랑'의 그 상태에는 더 이상 매혹되지 않습니다. 그러므로 나는 어떤 누구에 대해서도 더 이상 사랑이 없습니다. 우리는 보통 내가 '존재하기'를 사랑한다는 주요한 관점에서 다른 누군가를 사랑하는 일에 말려들게 됩니다.

나는 이것, 우리의 두개골을 흙으로 만든 항아리라고 부릅니다. 이 흙 항아리가 적절하게 구워지지 않는 한, 그대는 어딘가 다른 곳에서 지식을 모아야만 합니다. 그것이 적절하게 구워지고 튼튼해 보이면, 그대는 지금 내가 말하고 있는 것을 이해할 수 있는 입장에 있을 것입니다. 그러나 그대가 내 이야기를 듣고 난 뒤에는 어떻게 될까요? 껍질은 터지고 금이 갈 것입니다.

관례적으로, 시신을 화장할 때는 아들이 불을 붙여야만 합니다. 그리고 우리는 물이 가득 든 흙 항아리를 가져가서, 우리가 만들어 놓은 작은 구멍에다 둡니다. 그리고 나서 그는 그 화장용 장작더미를 '틀린' 방향으로 돌 것입니다. 보통, 방향은 물체를 오른쪽에 두고 시계 방향으로 [즉, 신성한 물체나 장소 주위를—편집자 주] 도는 것입니다. 그러나 이때는 물체가 왼쪽에 있습니다. 그는 시계 반대 방향으로 돌 것입니다. 대략 세 번 돌고 난 뒤에 그는 흙 항아리를 앞으로가 아닌, 등 뒤로 던질 것입니다. 그리고 그는 계속 곡을 할 것입니다.

그와 마찬가지로, 여기에 오면 그대는 그대 자신을 화장해야 할 것입니다. 그대가 어떤 정체성을 갖고 있더라도, 그대가 그대 자신의 자아에 대하여 어떤 개념을 가지고 있더라도, 그것은 태워 없애야 할 것입니다. 그대는 내가 지금 드러내 보이는 이 종류의 지식이 마음에 듭니까? 존재하려는 이 사랑, 이 의식은 부탁받지도 않았지만 자발적으로 나타났습니다. 아무런 이유도 없이 말입니다. 그때부터 그것은 모든 활동에 관여합니다. 이 모든 세속적인 활동들은 오로지 자아에 대한 사랑, 존재에 대한 사랑, 그것 때문에 있습니다. 그러나 자아에 대한 사랑은 실재하지 않습니다. 그것은 영원할 수 없습니다. 그것은 지나가는 한 단계입니다. 이 모든 지식은 궁극적으로 아무 소용이 없습니다. 그대가 바로 그 의식을 청산해야 할 것이기 때문에, 결국 그대가 여기에서 무슨 이야기를 들었더라도 그것은 아무 소용이 없습니다. 왜냐하면 오직 의식의 영역 내에서만 청정한 지식이 있기 때문입니다. 그러나 만약 그대가 그것을 기억 속에 간직하고 있다면, 이미 내가 이야기했던 모든 것을 들었고 또한 그대와 그 지식의 관련 때문에, 어떤 새로운 지식이 그대에게서 발아할 것입니다. 실제로 이 모든 것은 아무 소용이 없습니다. 그러나 그것은 한 가지 용도를 가지고 있습니다. 즉, 그대는 무지한 대중 앞에서 그대의 지식을 과시할 수 있을 것입니다. 그리고 그대는 구루가 될 기회를 가질 것입니다.

그대가 들었던 지식 이외에 그대가 원래 가지고 있던 모든 지식과 그대에게서 발아했던 지식을 가지고 그대가 결국 그 모든 것을 이해하고 깨닫게 되면, 그대는 분명히 그 모든 것이 실재하지 않고 아무 소용이 없다는 결론에 도달할 것입니다. 그럼에도 불구하고 그것을 깨달았기 때문에 그대는 영성에 있어서 어떤 성장을 이룰 것입니다. 사람들은 그대에게 몰려들고, 그대가 하는 말을 귀담아 들을 것입니다. 그 단계에서 그대는 어떤 생각이 떠오르든 무심코 내뱉을 수 있습니다. 무지한 대중들에게는 그 말이 심오한 지식이 될 것입니다. 그리고 사람들은 그대를 높이 떠받들며 구루로 모실 것입니다. 그러니 그것을 조심하십시오.

주요한 자본, 즉 누구나가 가지고 있는 유일한 근본적인 자본은 오직 이것뿐입니다. 즉, 깊은 잠, 깨어 있는 상태, 그리고 '내가 있음'과의 그 작은 접촉뿐, 그 밖의 어떤 것도 없습니다. 여기서 질문 있습니까?

방문객 우리는 의식과 어떻게 연결됩니까?

마하라지 그대는 잠과 어떻게 연결됩니까?

방문객 그것은 자연스러운 상태입니다.

마하라지 이것도 자연스럽습니다. 그대는 자연스러운 상태로서 의식과 연결됩니다.

방문객 그것을 어떻게 깨닫습니까? 저는 고요한 상태가 되어 저 자신에게 귀를 기울이려고 노력했습니다만, 그것은 결코 저의 자연스러운 상태가 아닙니다.

마하라지 바로 지금 그대에게 몸은 실재하고 세계도 실재합니다. 그리고 그대는 지금 깨어 있는 상태와 깊은 잠, 그리고 "내가 존재한다."는 지식을 가지고 있습니다. 이것이 얼마 동안 그대에게 진실하거나 실재하는 것으로 남아 있겠습니까? 이 깨어 있는 상태, 깊은 잠, 그리고 '내가 있음'이 없다면, 그대는 거기에 존재하지 않습니다. 또한 세상도 몸도 존재하지 않습니다. 그대는 이 세 가지 상태들과 얼마나 오랫동안 관계를 맺었습니까? 바로 지금 그대는 그들과 완전히 관계를 맺고 있습니다.

방문객 저 자신을 바라볼 때, 저의 전 생애가 그 상태들과 관련을 맺어 왔습니다.

마하라지 확실합니까? 그대가 '나의 전 생애'라고 말할 때 그 뜻은 무엇입니까? '생애'는 하루에서부터 100년에 이르는 일정한 인생의 기간을 의미합니다. 백 년 뒤에는 더 이상 이것과 관계가 없습니다.

방문객 어려운 것은 저 자신과 떨어져서, 저 자신을 하나의 환상(illusion)으로 보는 것입니다.

마하라지 그것은 그대가 이 몸과 동일시하고 있기 때문입니다. "나는 몸과 함께 존재한다."는 바로 그것 때문에 그토록 어려운 것입니다. 그대는 몸 이외의 다른 어떤 정체성을 가지고 있습니까?

방문객 저는 저 자신과 분리되기 위하여 열심히 노력하고 있습니다.

마하라지 그래야만 합니다. 그러나 그대의 참된 본성은 잡히거나 이해될 수 없습니다. 그대가 잡을 수 있는 것이면 모두가 실재할 수가 없습니다.

방문객 어떻게 참된 본성에 이릅니까?

마하라지 일단 그대가 그대 자신이 아닌 것을 버리면, 마지막으로 남는 그 나머지가 그대 자신, 즉 그대의 참된 본성입니다.

현재, 그대가 알고 있는 모든 것은 "내가 존재한다."입니다. 이 "내가 존재한다."는 다섯 원소들의 소산입니다. 이 원소들로부터 음식으로 된 몸이 나오고, 그 음식으로 된 몸 때문에 그 '내가 있음'이 유지됩니다. 그런데 그대는 그러한 "내가 존재한다."가 아닙니다. "내가 존재한다"는 이 음식으로 된 몸의 맛 혹은 향기입니다. 궁극적인 '그대'에게는 향기도 맛도, '내가 있음'에 대한 촉감도 없습니다.

방문객 그러나 우선 우리를 내면으로 향하도록 하기 위해서는 마음이 필요하지 않습니까?

마하라지 그렇습니다. 그러나 그대의 마음을 내부로 돌리는 것을 생각하기 전에, 그대의 본체가 무엇이든지 간에 그대 자신에게 매달리십시오. 그대는 그대가 존재한다는 것을 압니다. 그냥 거기에 계십시오.

마하라지 그대가 몸을 가지고 있지 않았을 때 그대가 무엇을 했을지라도, 그대는 그 어떤 것을 회상할 수 있겠습니까?

방문객 회상할 수 없습니다.

두 번째 방문객 경전에 의하면 우리는 까르마와 죄를 가지고 있으며, 그 때문에 우리가 여기에 있다고 합니다.

마하라지 그 말은 무지한 대중을 겨냥한 말입니다. "내가 존재한다." 는 참나 지식을 깨달은 자에게는 이러한 이야기들이 아무 소용이 없습니다.

방문객 이 모든 것이 쁘라랍다(prarabdha)의 개념입니까?

마하라지 그대는 운명에 대해 이야기하고 있습니다. 이것의 운명은 어떻습니까? 운명은 라이터와 그 안에 들어 있는 연료와 같습니다. 다섯 원소의 주스는 쁘라랍다 즉 운명입니다. 의식을 유지시키는 것이 무엇이든지 그것은 운명입니다. 만약 그대가 영성에 관심이 많다고 생각하면, 나는 그대를 말릴 것입니다. 만약 그대가 영성 이외의 다른 어떤 직업을 추구한다면, 언젠가 성공할 희망이 좀 있습니다. 그러나 영성의 길로 들어서면, 그대의 모든 희망은 궁극적으로 산산이 깨어질 것입니다. 그대에게는 어떤 희망이나 기대도 남아 있지 않을 것입니다. 그래서 다시 한 번 그대에게 충고하지만, 이러한 영적인 구도의 길로 뛰어들지 마십시오. 만약 그렇게 한다면, 그대는 혀도 없이 핥게 될 것입니다. 그대에게는 아무것도 남아 있지 않을 것입니다. 심지어 죽음을 자초할 수도 있습니다. 죽음이 거기에 있을 것입니다. 죽음이 그대를 맞이할 것입니다. 그대는 무서워서 몸을 떨 것입니다.

모든 고통을 받아들이게 될 그 수령인이나 친한 연고는 누구입니까? 고통을 받거나 즐거움을 누리는 것은 오직 깨어 있는 상태, 깊은 잠 그리고 앎이라는 세 가지 양상을 가지고 있는 그 존재뿐입니다. 그 밖에 그대는 무엇을 가지고 있습니까? 머리카락이 머리에서 자라나듯이, 모든 정신적 양상이나 현상은 그대의 의식에서 자라납니다.

방문객 지난 10년 동안 저는 라마나 마하리쉬와 모리스 프리드먼의 책을 읽고 공부했습니다. 저는 프리드먼과 이야기도 나누었습니다. 이제 저는 어떤 형태의 사다나를 추구해야 할지에 대해 문제가 생겼습니다. 그리고 성취나 명료함의 느낌이 지금까지 찾아오지 않았습니다. 저는 마하리쉬와 모리스 프리드먼 그리고 마하라지 가운데 누구를 선택해야 할지 결정을 내리지 못하고 있습니다.

마하라지 내가 그대에게 충고하자면, 그대는 영성을 버리고 그대의 직업을 추구하십시오. 그대가 언급했던 세 사람이 쓴 작품 체계의 요지, 즉 사상의 결론은 무엇입니까?

방문객 사람은 자신감을 얻어 결정을 내리그 진리에 따라서 행동해야만 합니다. 그러나 저는 자신감의 부족 때문에 분명히 그렇게 할 수 없습니다.

마하라지 자신감을 키워 가기 위해서는 "내가 존재한다."는 근본적인 자본에 매달리십시오. "내가 존재한다."는 것은 곧 깨어 있는 상태, 깊은 잠, 그리고 '내가 있음'의 접촉을 의미합니다. 그것이 그대의 근본적인 자본입니다. 그것에 의하여 그대는 존재한다는 것을 압니다. 그것을 붙들고, 그 안에 거주하고, 그것을 그대의 유일한 구루로서 숭배하십시오. 이 세 가지, 즉 깨어 있는 상태, 깊은 잠 그리고 '나의 존재성'이 없으면, 그대의 정체는 무엇입니까? 그대는 무엇을 가지고 있습니까?

방문객 우유부단의 갈등입니다.

마하라지 깨어 있는 상태, 깊은 잠 그리고 '내가 있음'이 없으면, 그대는 어떤 것이라도 가지고 있는 것이 있습니까?

방문객 저는 그것이 전부라고 생각합니다. 우리는 세 가지 모두를 가지고 있습니다.

마하라지 이 세 가지의 의미는 곧 '그대', '그대의 존재', 그대의 의식, '내가 존재하고 싶은 사랑'의 상태입니다. [이 특정한 방문객에게] 계속하십시오.

방문객 저는 마하라지의 축복을 원하고, 얼마 동안 라마나아쉬람에 갈 수 있기를 바랍니다. 그러나 저를 가로막는 것이 둘 있습니다. 제가 이것도 해야 하고, 저것도 반드시 해야 한다는 점에서…… 저의 인척들과 친구들은 저에 대해 언짢아할지도 모릅니다. 왜냐하면 저는 지난 15년 동안 안정을 찾지 못했기 때문입니다. 그리고 또다시 올해도 마하라지께서 모든 희망과 모든 계획과 모든 기대가 산산이 깨어질 것이라고 말합니다. 그래서 이번에도 다시 한 번 깨어질 것입니다. 그럼에도 불구하고, 저는 바랍니다…… 산산이 깨어지는 일이 일어날지라도 라마나아쉬람에서 평화를 찾게 해 주십시오. 저는 계속 나아가기 위해서 마하라지의 지지가 필요합니다.

마하라지 그대는 거기에서 영원히 머물 겁니까, 아니면 온 길로 되돌아갈 겁니까?

방문객 모르겠습니다. 그럼에도 불구하고 저는 가고 싶습니다. 한 달, 두 달, 세 달, 네 달…… 가능한 오랫동안 갈입니다.

마하라지 궁극적으로 그대는 바로 그대 자신을 제외한 다른 어떤 아쉬람에서도 보호와 평화를 찾지 못할 것입니다. 궁극적인 긴장이완을 의미하는 '비스란띠'(visranti) 즉 마지막 안주는 오직 그대 자신의 아쉬람에서만 가능하지, 그 밖의 어디에서도 가능하지 않습니다. 길은 그대의 아쉬람 내부로 들어가는 것입니다.

방문객 내부에 있는 참된 아쉬람을 저는 아직 찾지 못했습니다.

마하라지 아쉬람의 심오한 참된 의미는 내가 존재한다는 확고한 확신입니다. 그것이 바로 내부의 거처입니다. 우리는 어디에 머물고 있습니까? 우리는 오직 '내가 있음'의 사회 속에, 그리고 '내가 있음'의 집에서만 머물고 있습니다.

방문객 세상은 왜 환상으로서 창조되었습니까? 그것은 우리에게 실재하는 것처럼 보이지만 실재하지 않습니다.

마하라지 아무도 그것을 창조하지 않았습니다. 그것은 자연스럽게 일어났습니다. 이러한 앎, 즉 '내가 있음'을 알기 이전에, 환상은 어디에 있습니까? 의식이 있기 이전에 환상은 어디에 있었습니까?

근본적인 환상은 오로지 "내가 존재한다."는 이 앎뿐입니다. 그 이전에는 환상이란 것이 전혀 없었습니다. 바로 이 의식이 환상의 근원입니다. 이 환상이나 의식 혹은 '내가 있음'은 영원한 어떤 것으로 남아 있지 않습니다. 그것은 해방됩니다. 다시 말해 영원하지 않은 이 의식은 해방됩니다. 앎이 앎이 없는 상태로 바뀔 때, 그것이 해방입니다.

방문객 현재 우리의 의식 속에 있는 우리의 환상은……

마하라지 현재의 의식 그 자체가 환상입니다.

방문객 맞습니다. 현재의 의식에 대한 우리의 환상은 시간이지요? 그렇지 않습니까?

마하라지 꿈의 세계를 예로 들어 보겠습니다. 그대는 깨어 있다는 느낌을 가지고 있습니다. 실제로 그대는 침대 위에서 깊은 잠에 빠져 있습니다. 그대는 깨어 있다는 환상을 가지고 있습니다. 그리고 이 환상에서부터 꿈의 세계는 태어납니다. 마찬가지로 이 환상과 함께 꿈의 세계는 태어납니다. 비록 깨어 있는 상태는 아니지만, 내가 깨어 있다는 분명한 느낌, 바로 그것이 꿈의 세계를 만들어 냅니다.

방문객 그러면 어떻게 해야 꿈의 세계에서 깨어납니까?

마하라지 고요한 상태로 들어가야만 합니다. 조용히 있어야 합니다.

방문객 고요해지면 무엇을 찾습니까?

마하라지 그대 자신을 바라보아야 합니다. 그대는 의식을 만납니다. 의식이 의식을 바라보아야만 합니다. '내가 있음'이 '내가 있음'을 바라보아야만 합니다.

방문객 마하라지께서는 어디를 보십니까? 그것이 마하라지님의 내부에 있습니까, 뒤에 있습니까?

마하라지 그것은 뒤를 보거나 앞을 보거나 혹은 거꾸로 보는 것도 아닙니다. 오로지 본래의 그대 모습 그대르 계십시오. 그냥 '존재'하십시오! 아무것도 하지 마십시오. 내가 영적으로 매우 총명하지는 않지만, 매우 적절한 질문을 제기할 것입니다. 그대는 자신이 영적으로 총명하다고 생각하지만, 그대는 매우 적절한 질문을 할 수 없습니다.

이야기하고 싶은 분이 또 계십니까? 어떤 것이라도 떠오르면 말하십시오. 그러나 적절하지 않은 것은 제발 말하지 마십시오. 사회사업 쪽에 마음이 있다면, 반드시 그 성향을 따라가십시오.

방문객 그러나 마하라지께서 말씀하셨듯이, 저희가 영성의 길을 추구한다면 저희가 계획하는 모든 것은, 예컨대 사회사업이나 좋은 사업이나 무슨 일이든지 외부 지향적인 것들은 모두 산산이 깨어질 것입니다. 그러나 제가 묻고 싶은 것은, 내부로의 여정과 외부로의 표현이 조화롭게 이루어질 수 있습니까?

마하라지　마음의 흐름은 항상 외향적이지 결코 내향적이지 않습니다. 내부로 향한 참나 발견의 여정에서 그 외향적인 마음은 완전히 멈추게 됩니다. 따라서 그대가 그대 자신의 내면을 파고들면, 사회사업을 하는 것과 같은 외부로 흘러가는 마음의 성향은 없을 것입니다. 그것은 자연적인 당연한 결과입니다. 동시에 두 가지를 하는 것이 어떤 식으로는 가능하지만, 그대가 진실로 진지하게 내면으로 들어가면, 마음의 흐름은 완전히 중지됩니다. 더 이상 밖으로 나가는 움직임은 없을 것입니다. 이해했습니까? 그래서 그대가 유지되기를 바라든지 아니면 소멸되기를 바라든지 간에, 그대는 그대의 결심을 고수해야만 합니다.

방문객　저는 어제의 대화에서 우리가 자기애(self-love)를 포기해야 한다는 마하라지님의 충고를 들었습니다. 맞습니까?

마하라지　우리들 가운데 일부는 오해를 합니다. 나는 그들이 오해할 것이라는 것을 알았습니다. 사실, 자기애는 '있는' 것입니다. 나는 그것을 의식이나 존재 의식, 혹은 내가 존재한다는 느낌 등으로 부릅니다. 그리고 그것이 있기 때문에 모든 것이 있습니다. 만약 우리가 의식하지 못한다면, 우리는 세상을 보지 못할 것입니다. 이 존재성에 대한 이러한 사랑으로 우리는 그 의식, 존재가 계속되기를 바랍니다. 그러므로 '내가 있음'에 대한 사랑은 있어야 하는 것입니다. 그러나 그 사랑을 그대 자신이라고 생각하는 몸과 동일시하지 마십시오. 그것은 존재하는 것입니다. 그것은 자기애가 아니라, 이 존재성에 대한 사랑입니다. 그것은 우리에게 존재하는, 실존하는 느낌, 즉 "내가 존재한다." 의식을 주는 것입니다. 그 사랑은 반드시 거기에 있어야 합니다. 그러나……

방문객 그것은 몸에 대한 사랑이 아닙니다.

마하라지 그렇습니다. 그 '내가 있음'이 그 자체를 몸과 동일시하도록 해서는 안 됩니다. 그것은 아무것도 아닙니다.

이 몸은 무엇입니까? 몸은 좋은 음식 이외의 아무것도 아닙니다. 그리고 그 좋은 음식의 정수가 "내가 존재한다."입니다. 그리고 이 몸은 이 '내가 있음', 이 의식을 유지시켜 주는 자양물입니다. 몸이 없다면, 의식도 없을 것입니다. 그래서 이 의식은 몸을 필요로 하지만, 그것은 몸이 아닙니다. 그것이 근본적인 이해입니다. 그것은 꼭 알아야 하는 필수 사항입니다.

한 가지를 매우 분명하게 명심하십시오. 즉, 그대는 신이 아닙니다. 그대는 죽지 않을 것입니다. 그대는 죽게 될 몸이 아닙니다. 그리고 사람들이 숭배를 하고 싶다면, 반드시 숭배를 해야 하지만, 외적인 것을 신으로서 숭배해서는 안 됩니다. 그대와 함께 나타난 것, 즉 이 생명력(생명의 호흡)과 이 의식을 함께 신으로 숭배하십시오. 그것이 누구든지 알 수 있는 신입니다. 그 밖의 다른 신은 그대에게 이질적인 것입니다. 그리고 우리에게 감각성 즉 느낌이나 실존의 느낌을 주는 힘을 숭배하십시오. 몸은 이 생명력을 유지시키는 자양물에 지나지 않습니다. 의식이 딸린 이 생명력을 지고의 신으로서 보십시오.

방문객 신은 우리 내부에 있습니다.

마하라지   신은 그대 내부에 있습니다. 그러나 나는 문자 그대로의 '내부'를 의미하지 않습니다. 본래 저절로 존재하는 것이 신입니다. 의식과 생명력을 합한 그것이 신입니다. 그리고 그것은 몸과 하나입니다. 왜냐하면 몸은 이 의식과 생명력을 함께 유지시켜 주는 자양물이기 때문입니다. 그대는 그들을 둘로 나눌 수 없습니다. 그리고 사람이 죽었다고 할 때, 실제로 일어나는 현상은 이렇습니다. 즉, 내부의 생명력이 밖으로 나가서 외부의 공기와 결합한 것입니다. 그것이 일어난 전부입니다.

　우리는 무엇에 따라 행동합니까? 우리는 마음이 만들어 낸 생각에 따라 행동합니다. 그러면 마음은 무엇입니까? 마음은 이 생명력의 작용 원리입니다. 생명력은 그저 계속됩니다. 의식과 생명력은 그저 지켜봅니다. 행동은 마음을 통하여 일어납니다. 마음이 생각을 일으킵니다. 생각은 해석되고, 그 다음 행동이 일어납니다.

방문객 그러나 마음은 욕망을 만들어 냅니다. 그리고 우리는 그 욕망에 주의를 해야 합니다. 맞습니까?

마하라지 그대는 욕망을 통제할 수 없습니다. 그대가 할 수 있는 것이라고는 오직 이 생명력을 정화시키는 것입니다. 그 후에 생명력에 의해 만들어지는 것은 모두 생각과 욕망입니다. 그들은 보다 나은 욕망일 수도 있습니다. 그래서 우리가 할 수 있는 유일한 것은 이 생명력을 정화시키는 것입니다. 우리의 모든 행동이나 이 세상에서 행동이 계속되는 방식은 마음 때문입니다. 마음이 문제를 일으킵니다. 그 다음 문제는 말로 바뀌고, 말은 행동을 일으킵니다.

만뜨라에서는 신의 이름이 반복됩니다. 만뜨라는 특별한 생각을 가리킵니다. 그래서 그 이름이 끊임없이 반복되면, 생명력은 명상이 일어나는 그것의 특성을 지니게 됩니다. 그럼으로써 생명력은 정화되고 명상이 일어나는 그것이 됩니다.

방문객 그래서 생명력과 의식을 정화시키기 위하여 명상은 필요합니까?

마하라지 명상과 이름의 반복은 둘 다 필요하지만, 오직 생명력을 정

화시키는 제한적인 목적을 위해 필요합니다. 거듭 말하지만, 그것
은 냐나가 아닙니다. 그러나 이 정화를 위해서는 이것이 수단이 됩
니다. 그리고 그것은 반드시 이루어져야 합니다.

그대가 얻는 지식이 무엇이더라도 그것은 오직 그대의 생득권인
그 의식을 가리킵니다. 누구든지 태어날 때 그 의식을 가지고 태어
납니다. 그리고 그 의식은 우리에게 실존의 느낌을 줍니다. 지식은
바로 그러한 의식에 바탕을 두고 있습니다. 이제 내가 사람들로 하
여금 이곳에 오랫동안 계속 머물지 않게 하는 이유가 바로 그것입
니다. 그렇게 하면 자아가 그들 자신의 것으로 받아들여지기 때문
입니다. 사람들은 내 이야기를 듣고 가는 것이 더 낫습니다. 그들
이 받아들였던 그 지식은 생명력을 통해 작용하도록 하십시오. 말
은 생명력의 언어입니다. 어떤 말과 행동이 일어나더라도, 그것들
의 근원에는 생명력이 있습니다. 그래서 이 세상에서 모든 것을 해
내는 것은 본질적으로 그 생명력입니다.

따라서 의식은 생명력을 통하여 작용합니다. 그리고 생명력은
모든 행동의 기초가 되는 마음과 말을 통하여 작용합니다. 그러므
로 어떤 개인도 아직 등장하지 않았습니다. 그리고 이 생명력이 이
의식으로 편히 자리를 잡고, 그러므로 더 이상 세상을 통하여 작용
하지 않을 때, 그것은 어떤 객체화도 없기 때문에 일반적으로 사마
디라고 알려진 것으로 자리를 잡습니다.

그러나 생명력과 의식이 나타나면, 세상도 존재하게 됩니다. 생
명력과 의식이 없으면, 세상도 존재하지 않습니다. 세상은 오직 이

둘이 만들어 낸 것입니다.

사람들은 신에게 기도합니다. 그러나 신이란 무엇입니까? 신은 이 의식과 생명력이 창조해 낸 것입니다. 말하자면 어떤 개념에다 사람들은 기도를 하는 것입니다. 그러므로 신의 개념을 만들어 낸 그것에 대하여 기도를 하십시오.

방문객 과학에서 가르친 것처럼 인간에게 진화가 있습니까?

마하라지 예. 그대는 그것을 개념으로 받아들일 수 있습니다. 그러나 그대가 사람, 인간이라고 부르는 것은 무엇입니까? 그것은 무엇입니까? 그리고 그것이 있으면 인간이 있고, 그것이 없으면 인간이 없는 그것은 무엇입니까? 또 그것이 있으면 생명이 있어 인간이 기능을 할 수 있고, 그것이 없으면 사람이 죽었다고 말하는 그것은 무엇입니까?

방문객 의식입니다.

마하라지 의식, 생명력입니다. 생명력이 없으면 의식도 없습니다.

방문객 의식도 진화합니까?

마하라지 의식은 내내 나타나며 다양한 도양으로 현시됩니다. 그대가 보는 빛은 바로 의식의 빛입니다. '존재'하는 모든 것은 의식이고, '존재'하는 모든 것은 의식 이외의 다른 것이 될 수 없습니다.

방문객 오늘날의 이것은 수천 년 전과 조금이라도 다릅니까?

마하라지 이러한 개별성의 개념을 버리십시오. 그리고 지금 존재하는 것은 수천 년, 수백만 년 전에도 항상 존재했습니다. 아득히 먼 과거나 지금이나 '존재하는 것'이 여전히 존재하고 있습니다. 그러나 개인과의 동일시는 버리십시오. 이 '존재하는 것'은 항상 거기에 있을 것입니다.

지금 말하고 있는 것에 주의를 잘 기울이고, 다른 어떤 개념의 간섭도 없이 거기에 매달리십시오. 그대는 '과학'이란 단어를 사용했습니다. 그대가 그 말을 사용할 때 그대는 정말로 무엇을 이해합니까? 무엇에 대한 학문입니까?

방문객 생명과 물질은 일정한 패턴을 가지고 있습니다. 결합의 규칙과 법칙이 있고 우리는 그 밑에서 살아가고 있는 것 같습니다. 예컨대, 운동을 지배하는 물리학의 법칙과 서로 다른 물질들의 결합을 지배하는 화학의 법칙 등을 말합니다. 그들에 대한 학문이 제가 이해하고 있는 과학입니다.

마하라지 내가 이해하고 있는 과학은 아마 어떤 것에 대해서든지 실제로 연구를 향한 분석적인 마음의 성벽 이외의 어떤 것도 아닙니다. 어떤 것에 대한 호기심에서 생겨난 탐색입니다. 나는 과학이 특정한 주제의 본질 속으로 더욱더 깊이 들어가고 있다고 생각합니다.

최고의 과학자라도 얼마 동안이나 그의 생명력을 계속 유지시킬 수 있겠습니까? 그것에 대한 통제력이라도 가지고 있습니까? 아무도 자기의 생명력에 대한 통제력을 가지고 있지 않습니다. 생명력은 자연스럽게 나타났고, 자연스럽게 사라질 것입니다.

깊은 잠 속에서, 의식은 쉬고 있습니다. 그러나 생명력은 계속됩니다. 인생의 마지막에 가서, 생명력은 바깥의 공기와 융화되지만 죽지는 않습니다.

10

말 이전의 상태에 안주함으로써
고통을 끝내라

마하라지 내가 말하고 있는 주제인 참된 본성의 발견은 대단히 어렵습니다. 그리고 나의 참된 본성인 것은 그대의 참된 본성이기도 합니다.

주체는 객체를 보고 생각하고 분석할 수 있습니다. 그러나 주체는 그 자신을 볼 수 없습니다. 바로 거기에서 어려움이 발생합니다. 과학자는 대상을 분석할 수 있습니다. 그러나 그가 자신의 존재를 어떻게 분석할 수 있겠습니까?

방문객 그러나 그는 자기 자신을 객체로서 분석합니다. 과학은 주체에 도달함이 없이 한 대상을 다른 대상이 분석하는 것입니다.

마하라지 나는 그대에게 과학자는 그 자신을 발견할 수 없다고 말했습니다. 그러나 과학자는 다른 대상에 대해서는 백만 가지의 발견도 할 수 있습니다…… 과학자는 무엇입니까? 과학자 그 자체는 그가 먹은 음식물의 정수에 지나지 않습니다. 그래서 그 자신인 그 정수의 성격에 대하여 그가 어떻게 조사할 수 있겠습니까? [오직 더 위대하고 더욱 근본적인 것이 더 작은 것을 완전히 이해할 수 있다는 관점에서-편집자 주] 과학자인 그 음식의 정수가 말라붙게 되면, 과학자는 어디에 있습니까?

지금부터 나는 그대에게 오직 힌트만을 주겠습니다. 그러니 그러한 힌트에 완전히 주의를 기울이십시오. 그리고 그대에게 그런 힌트를 주고 난 뒤에 나는 그대가 혼자서 해결하도록 그대를 내보내겠습니다. 나는 사람들에게 음식 먹이는 일을 그만두겠습니다. 우리는 오직 지시만 할 수 있습니다. 그러니 이 문제에 대하여 모든 수단을 동원해서 질문을 하십시오. 그러면 그대는 답을 얻을 것입니다. 그러나 나는 질문의 근거를 그대의 정체성에 두지 않을 것입니다. 그렇지 않으면 또다시 문제가 생길 것입니다.

방문객 제가 이해하고 있는 것처럼 의식의 특성은 하나입니다. 그것은 음식물의 정수로부터 나옵니다. 그러나 음식물 그 자체는 의식의 특성을 바꿀 수 없습니다. 그것은 오직 그 의식을 유지시켜 줄 뿐입니다. 맞습니까?

마하라지 맞습니다. 의식을 유지시키는 이 음식은 사실 너무 작고 극미한 것이어서 그것은 의식에 대하여 어떤 것도 바꿀 수 없습니다. 왜냐하면 의식은 무한하기 때문입니다. 그러므로 의식의 본질이나 크기에 있어서 어떻게 조금의 변화라도 있을 수 있겠습니까?

그대는 몇 가지의 질문을 만들어 내려고 합니까? [웃음]

방문객 의식은 다른 욕망은 물론이고 호기심도 만들어 냅니다. 그리고 그것은 우리 자신을 알려는 욕망을 만들어 냅니다. 마하라지님은 그 둘을 어떻게 분리합니까?

마하라지 그대가 생각하고 있는 '그대'의 정체는 무엇입니까? 생명력과 의식이 없을 때 '그대'의 견본을 나에게 보여 주십시오. 무언가를 하고 싶어 하는, 생명력과 의식 이외의 이 '그대'는 누구입니까? 만약 그대가 그대 자신에 대하여 의식과 생명력 이외의 어떤 이미지를 갖고 있다면, 우리에게 그 예를 보여 주십시오. 무언가를 하고 싶어 하는 이 자는 누구입니까? 좋은 욕망과 나쁜 욕망은 자연스럽게 의식 속에서 발생했습니다.

방문객 그들은 그들 자신의 이미지를 만들어 냅니다.

마하라지 이 '누구'란 자는 누구입니까? 이 의식과 생명력의 총계 이외의 어떤 개인도 없습니다.

마하라지 그대는 그대 자신의 궁극적인 의미인 빠람아뜨만을 찾아야 합니다. 그러나 그대가 몸과 동일시하고 있을 때는 그대 자신을 찾을 수 없습니다. 궁극적으로 진정한 참나는 그대의 참된 본성입니다. 그리고 그대는 몸이 아닙니다. 그대의 진정한 본성은 오감을 통해서는 알 수 없습니다. 그러나 모든 감각은 그대의 진정한 본성에서 의미를 이끌어 냅니다. 그대의 눈에 보이는 모든 것은 진정한 실재인 그것 때문에 의미를 가집니다.

방문객 마하라지께서 말씀하신 어떤 것들은 《우빠니샤드》나 《기따》의 경전에 기록되어 있습니다. 그러나 지금 이 순간에 저는 그것을 아는 데 관심이 없습니다. 저의 가슴은 말하자면 은총을 몹시 갈망하고 있는 것 같습니다. 어떤 이들은 우리가 열심히 일을 해야 하며, 감각을 억제해야 하고, 마음을 그 모든 것에 집중해야 하고, 이런 저런 습관을 버려야 한다고 말하기 때문에 갈등이 있습니다. 또 어떤 이들은 성인들과 함께 있으면, 예컨대 라마나 마하리쉬와 함께 앉아 있으면 그들이 모든 것을 해결해 준다고 말합니다. 그러므로 저는 이 방의 진동에서 무언가가 일어날 것이라는 기대를 가지고 마하라지를 찾아온 것 같습니다. 마음은 모든 문제를 해소시켜 줄 어떤 일이 일어나기를 기대하고 있습니다.

마하라지 그대가 이 자리에서 이야기되고 있는 모든 것을 이해한다면, 그대는 평화나 만족을 얻을 것입니다. 그러나 그 만족에는 어떤 목적도 없습니다.

방문객 저는 아직도 분명히 이해하지 못했습니다. 마하라지께서는 모든 경전과 성자들, 충고 같은 것을 가장 우선시해야 하고, 마음을 제어해야 한다고 말씀하십니다. 그러나 저의 마음이 어떤 것을 하고 싶어 한다고 하면, 성자들은 마음의 변덕을 쫓아가지 말라고 말합니다. 그들은 마음을 제어하라, 눈을 감고 호흡을 지켜보라고 말합니다. 마하라지께서 설명하듯이, 그들은 '내가 있음'의 상태나 그러한 모든 것들을 말합니다. 그러나 마음은 나태한 것 같습니다. 마음은 그것을 하고 싶어 하지 않고 은총만을 바랍니다. 그래서 제가 이러한 은총을 마하라지로부터 받을 수 있겠습니까? 저는 지금 스스로 어떻게 할 수 없는 처지입니다. 나태하고 또한 불안합니다. 그래서 저는 마하라지의 진동과 말씀에서 무언가가 저의 마음을 고쳐 주고 제 마음을 분명하게 해 줄 것이라는 기대를 가지고 여기에 왔습니다.

마하라지 방금 그대가 우리에게 말한 이 개념들은 해방을 얻고 싶어 하는 자 즉 '무묵슈'의 개념들입니다. 그것은 두 번째 단계입니다. 그러나 그대가 여기에 오면 나는 그대에게 그대는 몸이 아니라고 말해 줍니다. 그대는 의식입니다. 그 다음 그대는 세 번째 단계에 들어갑니다. 그것은 '사다나'라고 합니다. 그대의 이야기를 듣고 보니, 나는 그대가 해방을 원하지만 아직도 몸과 동일시하고 있는 자인 무묵슈의 단계에 있다는 것을 알겠습니다.

그대가 몸이 아니라 의식 즉 '나'–사랑이라고 말해 주는 구루를 완전히 믿으십시오. 그래서 그대는 형태가 없습니다. 그대가 만뜨라를 받아서 그것을 암송하면, 그 말의 의미는 서서히 그대에게 분명하게 이해됩니다. 그 상태에서는 그대는 몸과 동일시하지 않고 그대 자신을 형상이 없는 의식으로서 받아들입니다.

방문객 그래서 스승에게 만뜨라를 받아 입문을 하는 것이 필요합니까?

마하라지 만뜨라 입문을 받는 것은 필요하기도 하고 필요하지 않기도 합니다. 그러나 구루에게 만뜨라를 받음으로써, 만뜨라의 의미는 그대의 생명의 호흡과 하나가 되고, 그 생명의 호흡이 정화됩니다. 그리고 다시 그대도 정화되고, 그대는 그 만뜨라의 의미가 됩니다. 그것은 그대가 몸의 형태가 아니라는 것을 의미합니다. 그대는 현시적인 원리입니다. 생명의 호흡은 그대의 표현이며, 모든 것은 형태가 없습니다.

구루에게 입문을 받는 '사다까' 즉 구도자는 몸의 원리에 의해 유지됩니다. 실제 그는 몸이 아니라 그 의식입니다. 의식은 몸의 원리에 의해 유지됩니다. 만뜨라의 간단한 의미는 몸을 포함하고 있는 원리 즉 의식입니다. 나는 목적도 모양도 색깔도 없는 그 의식이며, 역동적인 현시된 원리인 브람만이며, "내가 존재한다."입니다.

이 의식은 매우 강력합니다. 그대가 어떤 이미지나 개념이라도 그것과 관련을 맺게 하면, 그 의미는 그대의 의식에 전달되고 그대의 의식은 그것이 될 것입니다.

방문객 바로 지금 저의 의식은 은총을 갈망하는 고통의 꾸러미입니다. 저의 스승께서는 저에게 만뜨라를 받아들이고 만뜨라를 암송하고 만뜨라의 의식과 하나가 되라고 하십니다. 그러나 마음은 교만이나 그와 유사한 것 때문에 나태합니다. 비교를 하던 버릇에서, 도움을 받아야 할지 도움을 받지 말아야 할지, 이 구루에게서 도움을 받아야 할지 저 구루에게서 도움을 받아야 할지 갈등이 일어납니다. 그것은 모두가 흔들리는 마음의 일부분입니다. 그것은 어떤 누구를 받아들이거나 거부하고 싶어 하지 않습니다. 그것은 다만 어떤 노력도 기울이지 않고 어떤 대가도 치르지 않고 은총만을 원하고 있습니다. 그것은 공짜 선물을 바라고 있습니다.

마하라지 그대는 그것이 태만하거나 나태하다고 어떻게 감히 말합니까? 마음이 아는 것은 생명의 호흡에서입니다. 그 생명의 호흡이 게으르거나 태만하거나 나태합니까? 마음이 게으르다고 누가 그대에게 말해 주었습니까?

방문객 저는 마음이 두 가지라고 말하고 있습니다. 즉, 마음은 나태하고 탐욕스럽습니다.

마하라지 그것은 마음이 아니라, 그대 몸의 양상입니다. 어떤 것이라도 마음만큼 활동적인 것이 있을 수 있겠습니까?

방문객 마음은 나태하고 불안합니다. 마음은 항상 어떤 대가도 치르지 않고 외부로부터 정신적인 것은 물론이고 물질적인 것까지 받으려 합니다.

마하라지 나는 지금 여기에 앉아 있으면서 나의 마음은 뿌나로 가버렸습니다. 그런데 그대는 어떻게 감히 마음이 게으르고 나태하다고 할 수 있습니까? 마음의 활동이 무익하다고는 말할 수 있지만, 마음은 결코 게으르지는 않습니다.

방문객 죄송합니다. 단어를 잘못 사용했습니다. 게으르다는 말 대신에 제가 말하고 싶은 것은 마음이 탐욕스럽다는 것입니다. 마음은 대가를 치르지 않고 선물을 바랍니다. 은총의 선물을 말입니다.

마하라지 그것은 몸-마음 상태에서 나온 그대의 개념입니다. 그대는 몸의 감각을 통하여 그대의 마음을 해석하고 있습니다. 마음만큼 활동적인 것은 아무것도 없습니다.

방문객 그러나 마하라지께서는 아직 제 질문에 답하지 않으셨습니다. 제 질문은 바로 이것입니다. 저는 대가를 치르지 않고 은총을 얻고 싶습니다. 저는 고통의 종말을 원합니다. 마하라지께서는 제가 만뜨라를 받아들고 그것에 대해 명상하며 그것과 함께 살라고 말씀하십니다…… 저는 그러한 모든 것을 원치 않습니다.

마하라지 그대는 왜 왔습니까?

방문객 저는 고통을 받고 있고 이제 고통을 끝내고 싶기 때문입니다.

마하라지 그대는 왜 여기에 오는 대가를 치렀습니까?

방문객 어쩔 수 없었습니다.

마하라지 그대에게 주고 싶은 기본적인 충고는, 구도의 길을 포기하고 인류를 위해 어떤 사회사업을 하라는 것입니다.

방문객 그러나 저는 우선 저 자신의 고통을 끝내지 않고 사회사업을 한다는 것은 불가능하다는 경험을 가지고 있습니다.

마하라지 그대가 바로 그것(That)이라는 것을 안다면, 그대는 그대 고통의 끝을 볼 것입니다.

방문객 저는 의식이 아닌 우리의 마음이 실제로는 여러 부분들, 예컨대, 신체적 부분, 지적인 부분, 그리고 감정이나 정서적 부분들로 이루어져 있다고 들었습니다. 이것이 우리가 우리 자신에 대해 가지고 있는 현재의 모습입니다.

마하라지 마음의 근원인 "내가 존재한다."를 꺼내기 위해서는, 그대는 반드시 다섯 원소의 주스라는 성분을 가져야만 합니다. 그것이 가용하다면, 마음의 발아는 "내가 존재한다."와 함께 시작할 수 있습니다. 그대는 "내가 존재한다."는 말을 하기도 전에 그대가 존재한다는 것을 압니다. "내가 존재한다."는 앎이 있고 난 다음에, 그대는 말로 "나는 존재한다."라고 말할 수 있습니다.

방문객 그러나 "내가 존재한다."는 지금 제가 보는 것의 배후에 숨어 있습니다. 그리고 그것은 저를 구성하고 있는 조직의 다른 부분에서 나온 욕망들로 이루어져 있습니다.

마하라지 그대는 "내가 존재한다."라는 말을 하기 전에도 존재하지 않았습니까?

방문객 물론, 존재합니다.

마하라지 오직 거기에 그대로 계십시오. 거기에서 그대의 영성은 시작합니다. 말없이, 말이 시작되기도 전에 최초의 '그대', 즉 "내가 존재한다."가 시작합니다. 거기에 계십시오. 거기서부터 "내가 존재한다."는 경험이 자라납니다.

방문객 그러면 "내가 존재한다."는 관찰자입니다. '존재'는 관찰자이지요. 맞지요?

마하라지 목격하는 것은 그대가 "내가 존재한다."는 말을 하기 전에 이미 존재하고 있는 그 원리에게 일어납니다. 계획적인 목격과 같은 것은 전혀 없습니다. 목격하는 일은 그냥 저절로 일어납니다.

그대는 또한 죽음이란 이 일반적인 말의 의미를 분석해야만 합니다. 죽음이 일어나는 때에 생명의 호흡은 몸을 떠나는데, 서서히 몸을 떠납니다. 생명의 호흡과 동시에 마음과 언어도 떠나갑니다. 동시에, "내가 존재한다."에 대한 이 특성, 이 사뜨바-구나, 존재성의 특성도 떠나가거나 망각 속으로 들어갑니다. 오직 나만이, 즉 절대자만이 남습니다. 오직 거기에 그대로 계십시오. 절대자인 나에게는 아무 일도 일어나지 않습니다.

소위 '죽음'에 임하여, 이 사뜨바-구나, 즉 존재성의 이 특성은 비존재성의 상태로 점차 바뀌어 갑니다. 그 '내가 있음'에 대해서 분명히 알 수 있는 것은 하나도 남지 않습니다. 그것은 니르바나로 바뀝니다. 더 이상 존재성의 견본이 없습니다. 그렇다면 존재성의 그 특성에는 어떤 일이 일어났습니까? 그것은 거기에 있었던 모든 상태로 점차 바뀌어 갑니다. 생명의 호흡과 이 구나, 즉 존재성의 이 특성이 떠나가는 것을 목격한 그 상태로 점차 바뀌어 갑니다.
그것은 절대적인 상태로 점차 바뀌어 갑니다.

방문객　이것은 모든 사람에게 일어납니까? 아니면 "내가 존재한다."
는 것을 깨달은 사람들에게만 일어납니까?

마하라지　그것은 전체로, 모든 사람에게 일어납니다. 또한 '내가 있
음'에 대한 책임도 전혀 없습니다. 그러니 '나'와 타인에 대한 문제
가 어디에 있겠습니까? 존재성의 특성이 하나로 융합되는 그 상태
에서는, '내가 있음'이 전혀 없습니다. 그래서 그대는 타인에 대해
서나 "내가 존재한다."에 대해서 말할 수 없습니다.

　여기에 유의하면서, 그대는 명상적 상태에 대해 명상을 해야 합
니다. 그대는 존재하는 것에 대해 명상해서는 안 됩니다. 오히려
그대는 명상에 대해 명상을 해야 합니다. 그래서 그대가 정말로 명
상하는 사람에 대해 명상을 하거나 혹은 그 명상적 상태에 대해 명
상을 할 때는 명상에 적절하지 않은 모든 것이 떨어져 나갈 것입니
다. 그래서 오직 명상하는 사람만이 명상의 대상도 없이 남게 될
것입니다. 누구라도 지금 있는 것에 대해서는 그것이 하나의 대상
일 때는, 그것에 대해 명상하기가 쉽습니다. 그러나 자기 자신에
대해 명상을 하는 것은 어렵습니다. 명상하는 사람이 또 다른 명상
하는 사람을 명상할 수 없습니다. 후자가 원래 그 자신일 경우에
말입니다. 그러나 그것은 성취될 수 있습니다. 명상하는 사람에 대

한 명상을 하는 과정에서 명상은 사라집니다. 그것은 더 이상 명상이 아닙니다. 그것은 명상을 초월합니다. 만약 그대가 명상하는 사람 즉 그대 자신에 대해 명상할 수 있다면, 모든 난제들은 무엇이든 간에 해결될 것입니다.

핵심을 찔러 말하면, 현재 존재하는 것에 사로잡히지 말고, 명상하는 사람에 대해서 명상을 하십시오.

지금 나는 중병에 걸려 있습니다. 나는 그 병의 성격을 조사하고 있으며, 그 병이 누구에게 있는지를 조사하고 있습니다. 무엇보다도 먼저, 나는 다섯 원소들의 작용인 몸에서 시작합니다. 후자(몸)는 의식이 거기에 있는 조건으로 거기에 존재합니다. 나는 다섯 원소로 된 몸에 의해 유지되는 이 의식에 대하여 조사하고 싶습니다. 그것은 자율성을 가지고 있겠습니까? 이 조사의 결과로서, 나는 다섯 원소로 만들어진 이 '내가 있음'이 그 자체를 영속시킬 전적인 권한이 없다는 것을 알았습니다. 병은 의식의 표현인 이 몸의 지배를 받고 있습니다. 이 병에는 만져서 알 수 있는 모양이 없습니다. 마찬가지로, 의식에도 만져서 알 수 있는 모양이 없습니다. 거기에는 영속적인 특성이 없습니다. 그것은 단지 일시적입니다. 그러므로 그것은 진리가 아닙니다. 의식을 관찰하는 자는 진리입니다. 그가 절대 상태에 거주할 때 그는 정말로 이 모든 작용이나 모든 비실재성을 목격하는 위치에 서게 됩니다. 그리고 그 비실재의 상태에서 병은 일어납니다. 그런 식으로, 이 전체적인 쇼(show)는 의식과 다섯 원소의 세계와 병을 포함하여, 남을 속이는 하나의 거대한 사기극으로서 제거됩니다. 그러므로 병에는 진정한 실체가 없습니다. 왜냐하면 이 의식에도 사실은 전혀 실체가 없기 때문입니다.

이것이 내가 나의 병을 간단히 무시해 버리는 방식입니다. 누구라도 이런 식으로 어떤 개념을 전개시킬 수 있습니까?

명상하는 사람이 명상하는 사람에 대해 명상하는 그 과정을 내가 어떻게 따라갔는지에 대한 특별한 예가 있습니다. 그대를 괴롭힐 걱정거리가 들어올 여지를 주지 마십시오. 자문 의사가 병에 대한 의견을 표명할 때, 그는 이렇게 말했습니다. "당신은 나의 치료를 받아야만 합니다. 그럼에도 불구하고 어떤 징후는 나타날 것이지만 말입니다. 예컨대, 당신의 코와 목 등에서 피가 나올 것입니다." 의사는 아주 많은 이야기를 했고, 고통은 약간 덜 하겠지만 다른 모든 것은 일정하게 진행되어 갈 것이라고 말했습니다. 나는 아니라고, 그 다음 다섯 달가량 나에게는 아무 일도 일어나지 않을 것이라고 말했습니다. 의사의 최초 소견은 너무나 심각하여 그 말을 들은 환자라면 누구라도 풀이 죽었을 것입니다. 모든 징후들이 이내 분명히 나타났어야 합니다. 그러나 지금까지 아무 일도 일어나지 않았습니다. 그것은 무엇 때문이겠습니까? 나는 의사의 소견에 대해 명상하지 않았습니다. 나는 명상하는 자에 대하여 명상하고 있었습니다. 그러므로 지금까지 그 의사의 소견은 전혀 나에게 영향을 미치지 못했습니다.

그대의 몸에서는 어떤 것이라도 일어나게 허용하십시오. 그러나 그대는 현시된 브람만 혹은 절대적인 상태라는 확신에 그대로 머물러 계십시오. 이상적인 영적 구도자는 외부의 모든 세력들로부터 독립해야만 합니다. 즉, 그는 다른 어떤 사람의 앞치마 끈을 붙잡고 있어서는 안 되고, 오로지 자기 자신에게 의존해야만 합니다.

사람들은 항상 기만당합니다. 어떤 개념이 그들에게 주어지고, 그들은 죽을 힘을 다해 그 개념에 매달립니다. 그러다가 그 개념은 열매를 맺고 결과를 낳습니다. 그러나 그것은 '객관적인' 성취이며 오래 지속되지 않을 것입니다.

나는 그대에게 그대 자신의 자아, 즉 "내가 존재한다."는 이 일차적인 개념에 거주하라고 당부합니다. 거기에 거주하면서 무슨 일이 일어나는지 보십시오.

다른 질문 있습니까?

❧

마하라지 몸에 대한 기억은 그대의 정체성이 아닙니다. "내가 존재한다."에 대한 지식이 그대의 현재의 정체성입니다. 그것에 안주하십시오. 몸의 관점에서 그대는 그것이 지식이라고 생각하며 많은 이야기를 할 수 있습니다만, 그것은 지식이 아닙니다.

방문객 문제는 다른 방향에서 나옵니다. 마하라지께서는 자신의 가르침을 통해 '내가 있음'에 머물라고 말씀합니다. 그리고 저는 마음이 불안하다고 말합니다. 저의 마음은 이러한 '내가 있음'에 머물 수가 없습니다.

마하라지 그대가 몸이라는 이해를 가지고 있기 때문에, 문제는 결코 해결될 수 없을 것입니다.

방문객 저는 이것을 알고 있고, 머리로는 이해할 수 있습니다. 그러나 실제로는 어쩔 수가 없습니다.

마하라지 그대는 그대의 지성보다도 전에 존재합니다.

방문객 저는 마하라지께서 말씀하시는 다른 어떤 진술에도 관심이 없습니다.

마하라지 같은 것을 반복하는 일을 왜 그만두지 않습니까? 그대는 영적인 직업에 처음 입문하는 수습공처럼 말하고 있습니다. 나는 그대를 진지한 구도자로 바꾸고 싶습니다.

방문객 "신은 모든 곳에 충만해 있고, 의식도 모든 곳에 충만해 있다. 그러므로 신은 의식이다. 신을 보는 것은 곧 신이 되는 것이다."라는 말이 있습니다. 그러나 저는 그것이 아닙니다. 맞습니까?

통역자 당신이 "나는 그것이 아니다."라고 말할 때, 마하라지께서는 당신이 "나는 존재한다."라고 말할 때 그 뜻이 무엇이냐고 물을 것입니다.

방문객 네띠-네띠. [이것도 아니요, 저것도 아닙니다.-편집자 주]

통역자 그분은 당신이 "나는 그것이 아니다."라고 말할 때 당신은 어느 것을 가리키느냐고 물을 것입니다. 그 "내가 존재한다."는 것은 어느 것입니까?

방문객 의식의 근원입니다. 그것이 바로 제 질문의 요점입니다.

통역자 "내가 존재한다."는 이것은 의식이지요. 그렇지 않습니까?

방문객 맞습니다. 의식입니다.

통역자 그리고 당신은 의식이 모든 곳에 충만해 있고, 신도 모든 곳에 충만해 있으며, 그러므로 신은 의식과 같고 "내가 존재한다."와 같다고 말했습니다. 이제 당신의 질문은 무엇입니까?

방문객 질문은 "신을 보는 것이 곧 신이 되는 길이지만, 나는 그것이 아니다."라는 것이었습니다. 그것은 올바른 진술입니까?

마하라지 그대의 말은 맞습니다. 나는 더 이상 거기에 가담할 필요가 없습니다. 그대가 이해하고 있는 방식은 맞습니다. 일반적으로 동의하고 싶은 마음은 없지만 말입니다. 더 질문이 있습니까?

나는 왜 내가 사람들에게 동의하려 하지 않는지를 자세히 설명 드리겠습니다. 여러분은 어떤 말에 매달리고 싶어 합니다. 그러한 말들을 그러한 식으로, 즉 여러분 자신의 말로 해석하고, 그 말에 매달리는 것입니다. 여러분은 여러분 자신이 말이 있기 이전에 존재하고 있다는 것을 기억해야만 합니다. 따라서 말을 죽이십시오. 지식의 뼈대를 만들지 마십시오. 말로 지식을 제한하지 마십시오. 말 이전에 존재하십시오.

통역자 저는 이제 왜 마하라지께서 우리가 말하는 모든 것에 항상 동의하지 않는지를 이해하게 되었다고 마하라지께 말씀 드렸습니다. 그분은 우리가 어떤 말이나 진술에 집착하는 것을 결코 바라지 않기 때문입니다. 그분은 우리가 말 이전의 상태에 안주하기를 바라고 있습니다. 그 때문에 그분은 항상 우리가 지식이라고 매달리고 있는 그 말에서부터 우리를 떼어 놓고 있습니다. 그분은 우리가 말 이전의 상태에 안주하도록 안내합니다. 그것은 매우 중요합니다.

마하라지 병에는 이름도 모양도 없습니다. 그것은 참된 토대도 가지고 있지 않습니다. 왜냐하면 "내가 존재한다."도 역시 환상이기 때문입니다. 그래서 여러분은 항상 이런 식으로 이해하려고 노력해야만 합니다. 즉, "나의 진정한 의미는 무엇인가?" 라고 말입니다. 그대의 참된 의미는 어떠한 말로도 파악되거나 포착될 수 없습니다. 여러분은 결코 어떠한 말과도 같을 수 없습니다. 왜냐하면 여러분은 말보다 앞에 존재하기 때문입니다. 말은 여러분 다음에 나온 것입니다.

구나(guna) 세상의 진행 과정의 근저에 있으면서 그것을 움직이는 세 가지 기본 속성 혹은 에너지 및 물질적 특성. 즉, 사뜨바(순수, 명료, 조화), 라자스(정열, 에너지, 활동), 그리고 따마스(불활발, 저항, 어둠). 물질적 우주에 있는 모든 것은 세 가지 구나들이 다양한 비율로 구성되어 있다고 한다. 마하라지는 또한 기본적 특성의 일반적 의미에서와 존재의 의미에서 구나라는 용어를 사용한다.

냐나(jnana) 지식, 특히 영적인 지식.

냐니(jnani) 문자적 의미: '아는 자'; 깨달은 현자.

네띠-네띠(neti-neti) "이것도 아니요, 저것도 아님". 우빠니샤드의 격언으로 그 취지는 지고의 브람만은 어떠한 속성이나 특성을 초월해 있다는 것이다.

니르구나(nirguna) 속성이 없는, 특성이 없는 상태; 특성이 없는; 절대적 상태, '무-존재성'.

니르구나라자스(nirgunarajas) 속성이나 활동성이 없는, 어떤 특성이나 '존재성'도 가지지 않는.

니르구나-니르라자스(nirguna-nirrajas) 니르구나라자스와 동일.

니르라자스(nirrajas) 활동성이 없는, '존재성'이 조금도 없는.

니르바나(nirvana) 정체성이 전혀 없는 상태나 에고의 완전한 초월; '내가 있음'에 대한 느낌의 상실; 빠라브람만.

니르비깔빠(nirvikalpa) 에고의 의식으로 다시는 돌아가지 않는다고 하는 초월적 상태;

개념이 없는 상태.

니슈까마(nishkama) 욕망이 없는 상태.

다리슈마(darishma) 이 단어의 의미는 모호하다–편집자.

디야나-요가(dhyana-yoga) 명상의 요가.

따마스, 따마스-구나(tamas, tamas-guna) 불활동, 저항, 어둠, 무지, 또한 행위자 신분
의 요구; 세 가지 구나 가운데 하나.

따빠(tapa) 보통 영적인 성격을 띤 고행 수행.

라자스, 라자스-구나(rajas, rajas-guna) 에너지, 정열, 역동적 특성; 세 가지 구나 가운
데 하나.

마나스(manas) 마음.

마디야마(madhyama) 언어의 확실한 형성이 시작되는 중간 단계.

마야(maya) 우주적 환영, 특히 몸과 동일시하는 최초의 환영; 우주적 환영을 투영하고
초월적 통일성을 숨기는 현시된 역동적인 원리.

마야띠따(mayatita) 마야 이전의 상태, 절대적 상태.

무묵슈(mumukshu) 해방을 열망하는 자.

바나스빠띠(vanaspati) 식물 왕국.

비디야(vidya) 지식.

바이까리(vaikhari) 언어 발달의 마지막 단계.

바이라기야(vairagya) 냉정, 무집착.

바차스빠띠(vachaspati) 동물 왕국.

붓디(buddhi) 지적인 능력, 분별력; 막연히 '마음'.

브람만(Brahman) 절대적 상태; 궁극적 실재; 참나.

브리하스빠띠(brihaspati) 문자적 의미: '거대한 크기의 신'. 힌두교의 민간 전승에서는
신들의 구루를 가리키는 이름; 마하라지는 인간을 지칭하기 위하여 가끔 사용함.

비스란띠(visranti) 명상에서 완전한 망각으로 통하는 완전한 긴장 이완.

빠라(para) 지고자, 언어의 근원, 절대자(절대적 상태).

빠라브람만(Parabrahman) 최고의 상태, 절대적 상태; 시간과 공간 이전의 상태 혹은
개념 이전의 상태; 태어나지 않은 영원한 원리, 일시적인 "내가 존재한다."나 존재
성 '이외의'(너머의) 상태.

빠람아뜨만(Paramatman) 지고의 참나; 빠라브람만.

빠쉬얀띠(pashyanti) 언어가 현시되는 초기의 단계.

뿌자(puja) 의식이 딸린 숭배.

쁘라나(prana) 생명의 호흡, 생명력.

쁘라랍다(prarabdha) 잠재적인 까르마이지만 내생까지는 현시되지 않을 까르마와 반대되는 이미 움직이고 있는 운명; 현생의 진로를 결정하는 까르마.

쁘라사드(prasad) 신이나 구루에게 바쳐짐으로써 영적으로 정화된 축복받은 음식.

사구나, 사구나브람만(saguna, sagunabrahman) 속성을 가진.

사다까(sadhaka) 앞선 구도자; 영적인 지망자.

사다나(sadhana) 영적인 수행이나 훈련.

사뜨바, 사뜨바-구나(sattva, satva-guna) 의식; 또한 종자-존재성; 명료, 순수, 조화; 세 가지 구나 가운데 하나.

사마디(samadhi) 문자적 의미: '신과의 일치'; 명상의 진보한 단계, 흔히 황홀한 상태와 같다고 묘사됨.

삿상(satsang) 신이나 성자의 헌신자들과의 교제, 영적으로 큰 이익이 있다고 함.

스베르(sver) 아마도 산스끄리뜨어나 힌두어의 스바르(svar)에서 파생되었을 것이나, 소리, 어조, 의미는 여기서 불확실-편집자.

아냐나(ajnana) 문자적 의미; '알지 못함', 무지, 영적인 무지; 냐나 즉 지식의 반대말.

아드바이따(advaita) 비이원성에 대한 베단따의 가르침.

아뜨마/아뜨만(atma/atman) 참나, 경험적인 자아, 즉 몸-마음과 반대되는 진정한 영적인 참나.

이슈와라(Ishvara) 신, 지고의 존재, 우주의 신.

자빠(japa) 신의 이름을 암송. 마음을 고요히 하여 끊임없이 신을 기억하려는 기법.

자삐-따삐(japi-tapi) 신성한 이름을 암송하며 고행을 하는 헌신자.

지바(jiva) 개별적인 영혼, 에고.

체따나(chetana) 의식.

참고 문헌

Balsekar, Ramesh S. *Pointers from Nisargadatta*. Bombay, India: Chetana; Durham, N. C.: The Acorn Press, 1982.

Brent, Peter. *Godmen of India*. Harmondsworth Middlesex, England: Penguin Books, 1972.

Nisargadatta, Maharaj. *I Am That: Talks with Sri Nisargadatta Maharaj*, Translated from the Marathi by Maurice Frydman, and edited by Sudhakar S. Dikshit. Bombay, India: Chetana; Durham, N. C.: The Acorn Press, 1994.

__________. *Consciousness and the Absolute*. Edited by Jean Dunn. Durham, N. C. : The Acorn Press, 1994.

__________. *Prior to Consciousness*. Edited by Jean Dunn. Durham, N. C.: The Acorn Press, second edition, 1990.

__________. *Seeds of Consciousness*. Edited by Jean Dunn. Durham, N. C. : The Acorn Press, second edition, 1990.

__________. *The Ultimate Medicine*. Edited by Robert Powell. San Diego : Blue Dove Press, 2001.

__________. *The Nectar of Immortality*. Edited by Robert Powell. San Diego : Blue Dove Press, 2001.

Powell, Robert. The Blissful Life. Durham, N. C. : The Acorn Press, 1984.

___________. *The Wisdom of Sri Nisargadatta Maharaj.* San Diego : Blue Dove
Press, 1995.

Sri Nisargadatta Maharaj Presentation Volume: 1980.
Bombay, India: Sri Nisargadatta Adyatma Kendra, 1981.

공의 경험

초판 1쇄 발행 2010년 1월 28일
초판 2쇄 발행 2022년 11월18일

지은이 니사르가닷따 마하라지
편 집 로버트 파웰
옮긴이 이상훈

펴낸이 황정선
펴낸곳 슈리 크리슈나다스 아쉬람
출판등록 2003년 7월 7일 제62호
주소 경남 창원시 의창구 북면 신리길35번길 12-9
대표전화 (055) 299-1399
팩시밀리 (055) 299-1373
전자우편 krishnadass@hanmail.net
카 페 cafe.daum.net/Krishnadas

ISBN 978-89-91596-27-6   03270

Printed in Korea

* 책값은 뒤표지에 있습니다.
* 잘못 만들어진 책은 바꾸어 드립니다.